LIVROS QUE
CONSTROEM

Biblioteca "EDUCAÇÃO FÍSICA E DESPORTOS" — 21

Volumes publicados:

1. *Aulas de Educação Física*	Hudson Teixeira e M. G. Pini
2. *Metodologia Científica do Treinamento Desportivo*	M. J. Gomes Tubino
3. *As Qualidades Físicas na Educação Física e Desportos*	M. J. Gomes Tubino
4. *Teoria Organizacional da Educação Física e Desportos*	J. M. Capinussu
5. *Em Busca de uma Tecnologia Educacional Para as Escolas de Educação Física*	M. J. Gomes Tubino
6. *Os Exercícios Físicos na História e na Arte*	Jayr Jordão Ramos
7. *Ginástica Rítmica Desportiva*	Ester de A. Vieira
8. *Terminologia Aplicada à Educação Física*	M. J. Gomes Tubino
9. *Planejamento Macro em Educação Física*	J. M. Capinussu
10. *Prática da Educação Física no 1º Grau*	Vera Lúcia L. Costa
11. *Esporte Para Todos — Um Discurso Ideológico*	Kátia Brandão Cavalcanti
12. *Competições Desportivas — Organizações e Esquema*	J. M. Capinussu
13. *Teoria Geral do Esporte*	M. J. Gomes Tubino
14. *Psicomotricidade, Educação Física e Jogos Infantis*	Alexandre Moraes Mello
15. *Repensando o Esporte Brasileiro*	M. J. Gomes Tubino
16. *Administração & Marketing nas Academias*	J. M. Capinussu
17. *Esporte, Educação Física e Constituição*	M. J. Gomes Tubino
18. *Moderna Organização da Educação Física e Desportos*	J. M. Capinussu
19. *Esporte e Cultura Física*	M. J. Gomes Tubino
20. *Ensino e Avaliação em Educação Física*	Sebastião Votre e outros.

Pedagogia da Educação Física

Dados Internacionais de Catalogação na Publicação (CIP)
(Câmara Brasileira do Livro, SP, Brasil)

Shigunov, Viktor
Pedagogia da educação física : o desporto coletivo na escola : os componentes afetivos / Viktor Shigunov, Vanildo Rodrigues Pereira ; edição orientada pelos professores Manoel José Gomes Tubino, Cláudio de Macedo Reis. — São Paulo : IBRASA, 1993. — (Biblioteca educação física e desportos ; v. 21)

Bibliografia

1. Educação física 2. Educação física - Estudo e ensino 3. Esportes 4. Esportes - Estudo e ensino I. Pereira, Vanildo Rodrigues. II. Tubino, Manoel José Gomes, 1939- III. Reis, Cláudio de Macedo, 1933- IV. Título. V. Título: O desporto coletivo na escola. VI. Série.

93-2758 CDD-613-707

Índices para catálogo sistemático:

1. Educação física : Estudo e ensino 613.707

PEDAGOGIA DA EDUCAÇÃO FÍSICA

O Desporto Coletivo na Escola
Os Componentes Afetivos

VIKTOR SHIGUNOV/VANILDO RODRIGUES PEREIRA

Edição orientada pelos
professores
MANOEL JOSÉ GOMES TUBINO
CLÁUDIO DE MACEDO REIS

IBRASA
INSTITUIÇÃO BRASILEIRA DE DIFUSÃO CULTURAL LTDA.

SÃO PAULO

Direitos desta edição
reservados à

IBRASA
INSTITUIÇÃO BRASILEIRA DE DIFUSÃO CULTURAL LTDA.
Rua. Treze de Maio, 446 - Bela Vista - 01327-000 - São Paulo - SP

01327-000 — SÃO PAULO-SP

Capa de
MAURICIUS M. MARTINO

Fotocomposição e paginação
Factash Fotocomposição Ltda.

Fotolitos
Binho's Fotolito

Publicado em 2010

IMPRESSO NO BRASIL
PRINTED IN BRAZIL

SUMÁRIO

PARTE II
ABORDAGEM ESPECÍFICA

PREFÁCIO

A divulgação de idéias e de resultados alcançados em investigações científicas deve ser rotina na vida acadêmica da universidade. É indispensável que o docente ou pesquisador submeta sua produção acadêmico-científica à análise, à crítica, ao debate da comunidade universitária.

A prática, entretanto, de se divulgar para um público mais amplo e heterogêneo aproxima e coloca efetivamente a Universidade a serviço da sociedade, tornando o conhecimento novo, o exercício da criatividade, acessível à população em geral.

Desta forma, a iniciativa dos autores em lançar a presente obra abre a perspectiva para que a Universidade, tão elitista no passado, se transforme de fato em agente eficaz na melhoria de vida do brasileiro, com tantas carências sócio-econômicas, educacionais e culturais no Brasil de hoje.

Os autores revelam em *Pedagogia da Educação Física* uma sensibilidade e preocupação com o processo de ensino-aprendizagem, fundamentado na interação aluno, professor e meio social. Expõem, desta maneira, sua vocação de educador, tão incompreendida e pouco valorizada no contexto político atual brasileiro.

Como educadores, todavia, sentem-se estimulados a aprofundar-se em tema complexo pela natureza do homem e atraente pelo comportamento humano receptivo, adaptativo, perceptivo e freqüentemente conflituoso frente a muitas situações cotidianas adversas.

A formação científica brasileira e portuguesa dos autores capacita-os a emitir conceitos sobre o tema objeto do livro e que são embasados em experiências ou conteúdo intelectual tão díspares e típicos, como o proporcionado pelo potencial e relações humanas dos dois países.

O presente livro, resultado de trabalho minucioso e aprofundado das teses de doutoramento dos autores, aproxima-se — e muito — de suas vidas dedicadas a atividade científica universitária: é um convite à reflexão e à pesquisa sistemática das relações humanas inerentes ao convívio social.

A obra não se destina apenas ao profissional ou aluno de Educação Física, mas também àquele que atua no ensino, não como mero repassador de informação mas, sim, como um verdadeiro agente inquiridor e interpretador do comportamento e do potencial intelectual do educando.

A linguagem acessível, a revisão sistematizada e atualizada do assunto, a abordagem conceitual de comportamentos e a apresentação do desporto coletivo na escola, como fator de aprendizagem e desenvolvimento global do ser humano, tornam a presente obra leitura obrigatória nas Instituições do 1º, 2º e 3º graus.

Prof. Dr. Luiz Antonio de Souza
Vice-Reitor da UEM

Maringá, outubro de 1992

INTRODUÇÃO

A Educação é uma vasta área que tem despertado um interesse crescente dos investigadores, pelo fato de contribuir para a formação de uma qualidade de vida, estruturada em elementos mais precisos e fundamentais.

Assim, nas últimas décadas, a atuação do professor tem sido pesquisada sob diferentes vertentes, que geraram polêmica acerca do valor das componentes, das intervenções, das atitudes, dos comportamentos e até dos locais em que ele atua.

A garantia de um contexto educativo que promova a completa formação das crianças e dos jovens nos aspectos cognitivo, social, físico e também afetivo tem sido discutida sob a égide de diferentes contestações dos que nela se encontram.

De uma forma sucinta, pode-se afirmar que as controvérsias sobre este tópico têm sido desenvolvidas centradas em duas grandes tendências atuais.

Uma das tendências afirma a impossibilidade de o professor conseguir atuar de maneira conseqüente frente às variadas dificuldades que as estruturas sociais provocam e geram, no desenvolvimento individual.

Desta forma, não obstante a qualidade do ensino que a escola e o professor conseguem proporcionar, o indivíduo sempre apresentará perturbações em nível de aprendizagem que se refletirão no sucesso, realização e satisfação escolar. Este tipo de visão atribui a gênese do insucesso escolar a fatores periféricos, à atuação do professor e da escola, sendo sempre relacionados com os de ordem genética e as condições sociais dos alunos que estão a seu cargo.

Ainda mais, este enfoque e análise, calcados sob o prisma social, colocam em causa as atividades pedagógicas desenvolvidas pelos professores e a sua intervenção torna-se meramente figurativa.

Já, por outro lado, rejeitando o fatalismo de ordem biológica ou social, os defensores da possibilidade de mudança pela educação, especificamente sob o ponto de vista pedagógico, não aceitam o insucesso, as relações hostis e a falta de satisfação escolar como apenas atribuídas e justificadas a fatores periféricos mas, sim, a uma grande gama de comportamentos do professor e à escola.

Julgam, igualmente, que a explicação não está somente e simplesmente nestas duas vertentes descritas.

Para Birzea (1984) e Lurçat (1978), as capacidades dos alunos não são solicitadas pelos métodos educativos utilizados atualmente e pelas atuações dos professores em sala de aula; apesar disto, se fossem asseguradas todas as condições apropriadas de aprendizagem para cada aluno, o sucesso seria de todos.

Da mesma maneira, o estudo do desenvolvimento, do comportamento e da aprendizagem motora tem evoluído ao longo dos anos, especialmente nas duas últimas décadas. Deve-se, contudo, ressalvar uma tendência para realizar-se estudos laboratoriais, mais do que no terreno.

A complexidade existente neste processo tem mostrado, cada vez mais fortemente, que a visão do processo educativo não deve ser parcelar, mas englobar, na sua análise, os diferentes intervenientes do processo, ou seja, a escola, o professor, o aluno, o meio social, com suas diferentes e múltiplas interferências.

Portanto, os estudos podem ser enfocados sob diferentes abordagens e estas podem assumir aspectos técnicos, econômicos, psicossociológicos, psicológicos, afetivos, entre tantos outros possíveis.

A visão de que a Educação é um investimento com incalculáveis repercussões sociais e, também, individuais, vem crescendo e suscitando muitos estudos, podendo a afirmativa de D'Hainaut (1980, pág. 24) resumir esta força: "... educação põe em causa o futuro da colectividade, influencia a sorte dos indivíduos, implica orçamentos consideráveis e cria o potencial de ação de uma comunidade".

Seria um grande erro acreditar que somente o bom senso, a intuição, a credulidade sejam fatores suficientes para garantir os bons resultados almejados. Seria também falta grave acreditar que se pode abandonar a árdua função de educar, ao acaso da improvisação, ao arbítrio, ao joguete das pressões sociais ou ainda aos caprichos das impressões individuais.

Para resumir estas preocupações, a sugestão de D'Hainaut (1980, pág. 25) é pensar "... a acção educativa com lucidez... ser focalizada sobre objectivos explícitos, subordinar os meios aos fins... pôr-se em causa para se aperfeiçoar... Em resumo ela deve ser consciente e organizada".

Desta forma, as discussões devem tomar duas posições distintas com questões de valor inestimável e de alcance educativo inquestionável. A primeira estará ligada ao conceito e à extensão do efeito educativo, e a segunda estará ligada às condições institucionais promotoras de sucesso e satisfação dos educandos e professores.

Por esta dinâmica, as partes envolvidas no processo, principalmente o professor e os alunos, tomariam novos rumos, modificando-se. O professor passaria de mero transmissor de conhecimentos, para também ser criador e proponente das condições favoráveis ao desenvolvimento dos alunos. Os alunos, por sua vez, mudariam um pouco certamente, mas avançariam de meros e simples receptores e digestores dos conhecimentos, para o caminho da participação, da co-responsabilidade, no ensino, e principalmente para a distinção e não aceitação de más condições de ensino e de professores incompetentes.

As mudanças solicitadas pela ampliação dos fatores da função docente tornaram o professor um dos elementos essenciais do processo formativo. Com estas conotações, a prática pedagógica é um problema central da ação educativa para todos os contextos sociais e fatores envolvidos, quer em nível da intervenção pedagógica, quer no de conteúdo e da relação.

Não obstante o sucesso escolar e a relação pedagógica passarem por muitos e complexos problemas, só haverá ensino real quando se encontrarem os caminhos para se materializarem, mais no aspecto qualitativo, as intervenções do professor na sua tarefa, referentes a questões de ensino e da relação professor-aluno.

A concepção, condução e também a avaliação do processo ensino-aprendizagem sempre necessitaram, e continuam precisando, de uma atitude e prática científicas, para a consecução das melhorias propostas. Se, de uma parte, a capacidade de intervenção pedagógica, como afirma Carreiro da Costa (1988, pág. 6), "... é, não só uma realidade desejável, como imprescindível, ela só ganha verdadeiro sentido pedagógico quando exprime uma metodologia de ensino consentânea com as características da actividade humana". Por outra, com esta maneira de visualizar, não se determina o lado da intervenção, pois o próprio ensino também deverá respeitar muitas das características que são próprias ao fenômeno da atividade educativa.

Diante desta visão, a verdadeira pedagogia toma contornos de uma pedagogia respeitadora do direito universal e inalienável que deve assistir as crianças e adolescentes nas capacidades de que são, potencialmente, possuidores, levando o despertar das suas forças latentes para o conhecimento e o desenvolvimento global.

Deve-se entender que a relação pedagógica não será promovida, nem concretizada, com toda a sua força formativa, enquanto não forem estudados e evidenciados os aspectos mais preponderantes da intervenção pedagógica dos professores, tanto nos aspectos instrucionais como nos afetivos.

A exploração dos meios que propiciam uma melhor preparação das crianças, para agirem com independência e para se integrarem equilibradamente na sociedade, tem sido objeto de muitos estudos realizados pela maioria dos autores ligados à Educação do Movimento, que procuram definir formas mais eficientes para a atuação do docente e a do discente, logo a partir da primeira fase escolar.

Desta forma, não é suficiente apenas ter em conta as ações do professor frente aos parâmetros de eficácia mas, também, levar em consideração o valor das questões afetivas da relação entre, principalmente, os seus educandos.

Os estudos sobre a intervenção pedagógica do professor e as diferentes correlações entre os interesses dos alunos pela disciplina e professor passam pelas diversas opiniões, percepções, perspectivas e atitudes dos alunos. Acredita-se que muitas das formas de encarar o problema passam pela análise das questões ligadas ao que Bloom (1981) coloca como sendo temas de "características afetivas de entrada".

No entanto, no mundo atual, tanto a motricidade individual como a relação sócio-motora continuam não tendo oportunidades suficientes para serem desenvolvidas na sua plenitude. Neste sentido existe a necessidade de se descobrir novos caminhos, fundamentados em estudos científicos que alterem, principalmente, as atuais estruturas de ensino.

Desta forma, para se estudar as diferentes dúvidas ligadas a este tipo de enfoque, deve-se, primeiramente, verificar o entendimento sobre o problema e, posteriormente, definir as componentes que atuam e se conjugam, para configurar a dimensão afetiva que, concomitantemente com os outros aspectos, está sempre presente, não obstante latente e esquecida no momento, tanto no trabalho cognitivo como no motor das tarefas escolares.

Para cada aluno, existe uma pressuposta percepção de cada ponto, cada assunto, cada tópico que é abordado na aula, não obstante haver um modelo social para os diferentes temas tratados, variando de acordo com as experiências prévias e o conhecimento específico que cada aluno possui da tarefa apresentada. Deve-se estudar o efeito desta percepção e a sua atuação na maneira de enfrentar a tarefa de aprendizagem.

As opiniões, as atitudes, os comportamentos, os valores e os interesses podem tomar, em um amplo contínuo, conotações positivas ou negativas, concernentes aos comportamentos dos intervenientes.

Acredita-se que todo aluno tenha tendências para gostar de atividades que ele possa executar com êxito, obter satisfação e realizar-se na sua prática. Mas, neste caso, isto envolve pessoas que estão ao seu redor, como professores, pais e colegas e também as variáveis perceptivas que intervêm com diferentes disposições afetivas. Neste contexto e visão, o aluno deveria ser sempre o elemento central das percepções que são desenvolvidas pela análise.

As ações dos alunos baseiam-se em diferentes e complexos fatores que se conjugam para atuar de variadas formas, principalmente sob a ação do professor e suas intervenções, em sala de aula. Como preconizam Merrett e Wheldall (1990), as atitudes positivas passam por um padrão de atuação comportamental e atitudinal do professor que também é positivo, é incentivador de tais comportamentos. Deve-se, portanto, observar alguns princípios para se conseguir o intento proposto de uma atuação positiva.

O trabalho pretende ser mais um contributo para o esclarecimento das influências afetivas, instrucionais, especialmente as associadas à aprendizagem, à satisfação e atitudes dos alunos em relação à aula em geral, e à de handebol em especial, e à disciplina da Educação Física, podendo desta forma ser mais uma indicação de ajuda aos professores que buscam a realização e satisfação dos alunos, mas que estão rodeados pelas incertezas do ato educativo.

O trabalho foi organizado em duas partes distintas, mas relacionadas.

A primeira parte (Abordagem Comportamental) consta de três capítulos.

O primeiro apresenta a conceituação sobre a afetividade e o estudo das componentes do domínio afetivo. O segundo capítulo discorre sobre as diferentes atuações dos professores no aspecto afetivo, as suas conseqüências e repercussões nos diferentes modos de percepção dos alunos. Esta parte também conta com uma revisão e sistematização dos estudos realizados nos últimos anos sobre o assunto. O terceiro capítulo discute conceitos de atuação do professor ligados a questões de instrução centrada na escolha de algumas atitudes julgadas relevantes.

Por último, é apresentado o resumo dos conceitos, idéias e a bibliografia que alicerçou o trabalho.

A segunda parte deste trabalho (Abordagem Específica) é constituída por dois capítulos.

O primeiro discute os conceitos básicos e as idéias sobre o desporto coletivo na escola. O segundo capítulo apresenta os conceitos e discussões acerca do handebol como modalidade de mudança e crescimento das crianças e a sua utilização nas escolas como fator de aprendizagem e desenvolvimento global.

Por último, há uma síntese de idéias e conceitos em forma de conclusão do trabalho e a indicação dos autores que os embasaram.

PARTE I

Abordagem comportamental das atividades físicas

CAPÍTULO I

COMPORTAMENTOS AFETIVOS — DOMÍNIO AFETIVO

1. Introdução

A escola, além de ensinar muitas e variadas disciplinas, no entender de Fernandes (1990a,b) e Luck e Carneiro (1983), tem obrigação de transmitir valores, atitudes, interesses, mesmo aqueles que são difíceis de ser postos em prática, tais como igualdade social para todas as pessoas, amor, amizade, preservação do meio ambiente, entre muitos possíveis, não obstante, e infelizmente, serem mais facilmente honrados na teoria.

Deve-se destacar, segundo Ausubel, Novak e Hanesian (1980), que as crianças mais novas são influenciadas normalmente por fatores de lealdade pessoal e sugestão de prestígio. O crescer, a maturação, a idade, a convivência fazem as considerações de mérito ideacional intrínseco e engrandecimento do ego tornar-se mais importantes para o adolescente.

A promoção e busca do desenvolvimento integral do educando são enfatizadas pelas atuais concepções de educação e se traduzem nas mais variadas áreas educacionais, como afirmam, entre outros, De Landsheere e De Landsheere (1983) e Postic (1979).

A natural decorrência de tais proposições resulta na atenção que se deve dar ao desenvolvimento afetivo, tendo em conta o funcionamento total do ser humano em qualquer momento e circunstância, o que envolve uma significativa e indissociável parcela de sentimentos e emoções. O controle, a compreensão, além da adequação e eficácia, neste domínio, passam pela vertente do reconhecimento da importância e necessidade de implantação nas escolas.

A ponderação de Hardy e Rejeski (1989), citando Zajoc, vem reforçar o pensamento expresso sobre a importância do estudo do fenômeno afetivo: "If we consider just how much variance in the course of our lives is controlled by congnitive processes and how much by affect, and how much the one and the other influence the important outcomes in our lives, we cannot but agree that affective phenomena deserve for more attention than have received" (pág. 72).

Para que o papel de promoção do desenvolvimento integral do educando seja cumprido, a escola deve ajudá-lo a aprender em todos os sentidos, portanto não somente quanto a conhecimentos e habilidades intelectuais e ao mundo exterior mas, também, quanto a habilidades sociais e pessoais como atitudes, valores, ideais, interesses do seu mundo interior.

A realidade escolar de muitos países ocidentais, como refere Fernandes (1990b), vem sendo marcada por uma tradição com ênfase e supervalorização do desenvolvimento de comportamentos do domínio cognitivo, não se notando de maneira significativa, em seu contexto, o estabelecimento de condições, situações, mecanismos e até recursos que valorizem e promovam o desenvolvimento afetivo do aluno de maneira intencional, sistemática e eficaz.

Tendo em vista, como afirmam Luck e Carneiro (1983) e D'Hainaut (1980), o grande valor do domínio afetivo, nas escolas, como meio de se obter a formação equilibrada e necessária para o ajustamento pessoal e social do educando, e também por considerar-se o fato de a ação educativa não estar correspondendo às concepções e proposições legais a respeito destes aspectos, vê-se a necessidade de se desenvolverem trabalhos que venham possibilitar a orientação e consecução do processo educativo com o intuito de aproximar as ações das concepções e proposições neste domínio.

2. A tridimensionalidade do comportamento humano

Desde as definições atribuídas aos gregos, o comportamento humano é classificado em três aspectos: *pensamento, sentimento* e *ação*. Estas conotações, modernamente, assumem sentidos mais amplos e fazem entender-se como parte constituinte dos *domínios cognitivo, afetivo* e *psicomotor*.

Alguns autores, entre eles De Landsheere e De Landsheere (1983) e Mosquera (1974), consideram ainda a possibilidade de existência de um domínio denominado social, pelo fato de o ser humano estar inserido no processo social e fazer parte dele.

Deve-se entender a classificação por domínios apenas como um meio, para melhor estudar e compreender os comportamentos manifestos, enfatizando os aspectos julgados relevantes por quem os analisa, e ainda, o mais importante, como orientação mais eficaz do processo de estruturação do aspecto enfatizado. Apesar da baixa correlação entre os diferentes domínios, como considera Bloom *et al.* (1979), é fato que os professores e pessoas que trabalham com operacionalização das concepções na educação, e sobretudo enunciam objetivos, fazem distinções entre solução de problemas e atitudes, entre pensamento e sentimento, e, também, entre ação e pensamento ou sentimento, necessitando assim de material e pesquisas para sustentarem as suas colocações com pilares científicos.

Desta forma, deve-se entender que os domínios representam ênfases e tendências na consecução prática de exposição dos objetivos.

Conclui-se que tanto os aspectos cognitivos como afetivos e também psicomotores funcionam interligados na determinação do comportamento humano, uma vez que a pessoa responde às mais diferentes situações que a vida lhe apresenta como um todo, como um ser indiviso e global, como também pensam Luck e Carneiro (1983).

Embora os aspectos cognitivos, afetivos e psicomotores sejam examinados separadamente uns dos outros, para melhor entendimento e atuação mais eficaz, *o processo educativo deve buscar harmonizar as três dimensões, os três domínios,* não só com vistas à promoção do desenvolvimento do educando, a longo prazo, mas também com vistas à aprendizagem de efeito imediato, dizem De Landsheere e De Landsheere (1983), Luck e Carneiro (1983) e Postic (1979).

3. Delimitação do domínio afetivo

O domínio afetivo é constituído por uma área de comportamento complexa e difícil de ser estudada e também delimitada, resultando empecilhos para o estabelecimento da sua natureza, como enfatizam Bloom *et al.* (1979) e Bühler (1980).

O afeto é definido por Dietrich e Walter (1978) como segue: "afeto, afetividade, do latim *affectus:* estado de espírito, paixão, é o conceito utilizado para caracterizar o conjunto de todas as vivências de sentimentos, emoção e disposição anímica intensa" (pág. 24). Pode tornar-se, desta maneira, sinônimo de emocionalidade.

Para Bloom *et al.* (1979) e Luck e Carneiro (1983), os termos mais comumente utilizados para definir, expressar e ter relação no *domínio afetivo são as atitudes, apreciação, ajustamento, interesses, sentimento e valores.* Contudo, estes termos são por demais amplos para poderem ser trabalhados em nível de objetivos.

Desta forma, verifica-se que a área de estudo do domínio afetivo, no que se relaciona com a educação, é marcada pela imprecisão de termos e por ambigüidades, tornando difícil uma delimitação, definição e sentido, bem como os comportamentos que conduzem ao seu desenvolvimento.

Muitos esforços e estudos têm sido encetados para melhor compreensão, explicação e principalmente operacionalização desta área e domínio do ser humano.

4. Objetivos afetivos

Muitos dos fins e objetivos da educação, pelo seu caráter generalista, têm limitadas possibilidades de aplicação prática, se não forem fracionados e transformados em operacionais.

O conhecimento dos objetivos a serem atingidos proporciona aos alunos a opção de escolha para atingi-los de várias e diferentes maneiras, dependendo da variabilidade individual e das experiências anteriores.

Para Piéron (1988), de uma maneira muito prática, a essência de um objetivo operacional está no comportamento observado a ser manifesto e no critério de rendimento final.

Os objetivos afetivos, para Bloom *et al.* (1979), são os que enfatizam sentimentos, emoções ou expressam um grau de aceitação ou rejeição.

O *continuum* do domínio afetivo varia desde a atenção simples até aos fenômenos selecionados e às qualidades de caráter. Para Bloom *et al.* (1979) a definição é a seguinte: "O domínio afetivo engloba os objetivos que descrevem as manifestações dos interesses, das atitudes, dos valores, bem como os progressos na apreciação e a capacidade de adaptação" (pág. 9).

Já para D'Hainaut (1980), o *continuum* do domínio afetivo situa-se no que afeta os sentimentos, determinando as atitudes, as condutas e os valores morais e de apreciação, tendo como manifestações e expressões o entusiasmo, o medo, a virtude, o caráter, os valores morais. Talvez aqui resida a linha de intersecção entre o cognitivo e o afetivo.

Muitas vezes, não é tanto a aprendizagem cognitiva em si que provoca a formação e intensidade de interesses, atitudes e valores mas, sim, a maneira como esta aprendizagem ocorre. Neste caso, o processo da aprendizagem é mais importante que o produto, na determinação dos comportamentos afetivos, sendo o tipo de experiências de aprendizagem vividas o aspecto fundamental, mais que o seu conteúdo, no desenvolvimento afetivo.

5. O desenvolvimento afetivo

O indivíduo ao nascer, como apontam, entre outros, Mussen, Conger e Kagan (1977) e Pikunas (1981), inicia o processo de ajustar-se às demandas do meio físico que o cerca. Assim que consegue adaptar-se às novas condições de vida, inicia-se o desenvolvimento de seus padrões de ajustamento psicossocial.

Muitos são os autores e correntes psicológicas que chamam a atenção para as constantes necessidades materiais e espirituais que os seres humanos têm ao longo de sua vida, como apontam, entre outros, Campos (1986), Maslow (1987) e Mosqueira (1978).

Deve-se destacar, como salienta Marques (1979), que o crescimento e desenvolvimento emocional, nas diferentes fases da vida do ser humano, também apresentam uma grande ligação com os outros aspectos envolvidos, entre eles físicos, biológicos, fisiológicos, ambientais, na construção do ser integral.

A maior característica da puberdade é a intensa emocionalidade, como salienta Hurlock (1979) e Valente (1990), demonstrada pela constante revisão das atitudes, interesses e valores, com manifestações e reações expressos com muita veemência, frente aos diferentes eventos e situações sociais.

A instabilidade emocional é, para muitos autores (Hurlock, 1979; Valente, 1990), a contrapartida para as mudanças fisiológicas e sociais que ocorrem durante os anos da puberdade e adolescência. Todavia, outros autores (Ausubel, Novak e Hanesian, 1980; Mussen, Conger e Kagan, 1977) não julgam que estes sejam os fatores primordiais, apontando os pais, o meio social e a escola como decisivos para uma estabilidade e crescimento emocional.

6. Estudo dos componentes do domínio afetivo

A complexidade de um assunto não deve ser obstáculo para o seu entendimento, nem barreira para a análise dos seus componentes.

Assim, perante os diferentes conceitos e concepções que, previamente, foram expostos, julga-se que se devem analisar alguns conceitos e componentes relevantes para o entendimento do domínio afetivo.

Bloom (1981) opta pela expressão "Características Afetivas de Entrada", abandonando o termo "Motivação", por julgá-lo muito geral e não incluir a perspectiva histórica ligada às tarefas de aprendizagem. Frisa, contudo, que os dois termos não se contradizem e, além disso, considera que as características afetivas iniciais são um complexo interligado de interesses, atitudes e autoconceitos que podem requerer muitas quantidades de energia e de esforço para atingi-las.

Assim, os componentes que merecem o destaque para o presente trabalho e inserem-se no domínio afetivo são: *emoção, sentimento, atitudes, apreciação, interesses, valores.*

6.1 Emoção

Sobre a emoção dissertaram muitos autores, incluindo pedagogos, psicólogos, poetas e escritores, mas vale a pena retomar algumas posições e conceitos desenvolvidos.

A emoção deve ser entendida como um estado em que ocorre uma alteração, manifestando variações de diferentes níveis que ocorrem em relação ao *continuum* hedônico prazer-desprazer, como definem Luck e Carneiro (1983).

O processo educativo não deve preocupar-se apenas em promover o desenvolvimento cognitivo do educando, mas também levá-lo a assumir um papel preponderante no seu autodesenvolvimento, entendido como a auto-análise, a consciência de sua experiência e a valorização do seu crescimento interior.

6.2 Sentimentos

Para Bühler (1980, pág. 111), "O campo dos sentimentos ou emoções é impossível de abranger..."

Não obstante o termo sentimento ser utilizado como sinônimo de emoção, muitos não o fazem (Bloom, 1981; Duck, 1986), e distinguem a sua diferença ao afirmarem que os sentimentos são uma das componentes do grande campo da emoção, ou seriam emoções sùaves, envolvendo mais cognição e apreciação, fazendo parte do domínio afetivo do ser humano.

Por apresentarem estas matizes, muitas vezes atitudes, interesses, apreciações e valores são também denominados, de forma genérica, de sentimentos.

6.3 Atitudes

No entender de Henerson, Morris e Fitz-Gibbon (1987), atitude não é algo que possa ser examinado ou medido, da mesma forma que se examina uma célula ou mede-se a média das pulsações cardíacas. *Atitude é uma criação, é um construto* e, como tal, é uma ferramenta que serve para os seres humanos *verificarem a ordem e a consistência do que as pes-*

soas dizem, pensam e imaginam e desta forma suscitam certos comportamentos, havendo a possibilidade de prever-se futuramente novos comportamentos.

Para Duck (1986), a atitude é algo aprendido, tendo um fundo emocional, que leva o sujeito a *pensar, sentir, perceber* e *também agir de uma maneira consistente*, com manifestações de comportamento favorável ou desfavorável em relação a uma pessoa, objeto ou idéia.

Já Petty e Cacioppo (1981) dizem que atitude é um termo que se refere ao *sentimento geral e duradouro positivo ou negativo sobre uma pessoa, objeto ou conceito.*

No entendimento de Collete (1978), atitudes como *motivações dos comportamentos não estão diretamente ligadas à personalidade*, sendo muito suscetíveis às influências externas. Afirma ainda que as atitudes desempenham um papel secundário e superficial no contexto das emoções e motivações do ser humano.

Para Zimbardo, Ebbesen e Maslach (1977), atitude é *uma prontidão mental ou uma predisposição implícita* que exerce, de uma maneira geral e consistente, influência na consecução de uma grande faixa de respostas avaliativas.

Referindo-se a atitudes, Allport (1969) afirma que é um conceito distinto e o mais indispensável, na psicologia social americana contemporânea.

Atitudes, no dizer de Ipfling (1979), são *eventos internos, privativos, cuja existência é inferida pela própria introspecção* ou então sob alguma forma de comportamento evidenciado por manifestações sob a forma de palavras ou atos.

As pessoas podem ter, como salientam Berkowitz (1980), Zimbardo, Ebbesen e Maslach (1977), atitudes idênticas em relação a muitas pessoas, objetos ou manifestações. Contudo, estas atitudes podem ter sido originadas de diferentes formas.

Advém destas considerações a possibilidade de estas mudanças serem também duradouras, tendo sido produzidas mui tas técnicas e estudos para mudança de atitude das pessoas, como indivíduo em uma sociedade diferenciada culturalmente, como refere Berkowitz (1980).

As atitudes constituem um *aspecto fundamental do processo do desenvolvimento afetivo dos estudantes, e também da sua socialização*, tendo desta forma um papel de destaque no domínio afetivo.

A importância das atitudes, como apontam Mehrens e Lehmann (1978), no processo educativo do educando prende-se ao fato de a aprendizagem das atitudes decorrer da vivência do indivíduo no meio social com variadas funções e papéis que necessitam ser aprendidos e desempenhados frente a situações que a vida lhe apresenta.

Portanto, como apontam Campos (1986) e Fernandes (1990a), o desenvolvimento das atitudes, de maneira a permitir a participação do indivíduo, adequada e eficazmente na ordem social, constitui-se em um objetivo de suma importância para a educação e a própria vida.

Não se pode esperar que todos os alunos apresentem invariavelmente atitudes adequadas a um bom convívio, frente à aprendizagem, frente à interação ou então no melhor desempenho dos papéis.

Assim, a proposta de análise freqüente e mudança, nos objetivos socialmente desejáveis, deveria ser uma preocupação constante dos responsáveis pela educação, diante das mutações, variações e grandes influências sofridas, constantemente, pelas crianças e adolescentes que estão sob a responsabilidade da escola.

A escola não pode omitir-se, como frisam Fernandes (1990b) e Luck e Carneiro (1983), da responsabilidade na ampliação, consciente e intencional, de atitudes positivas necessárias para o desenvolvimento do educando, no sentido social e pessoal.

6.4 Adaptação ou ajustamento

Os termos "adaptação" ou "ajustamento" têm gerado, às vezes, confusão na tradução dos termos do alemão e do inglês.

Em alemão "anpassung" e em inglês "accommodation, adaptation, adjustament" significam *adaptação, acomodação, acomodamento* ou *ajustamento.*

Para Ipfling (1979), o termo "adaptação" é um conceito central no estudo do comportamento, com possibilidade de muitas conotações serem ligadas ao termo, sendo as mais importantes as de interpretação da evolução filogenética, filosófica, antropológica, sociológica e, também, pedagógica.

O conceito de adaptação, na discussão pedagógica dos últimos anos, fez aparecerem duas correntes antagônicas para o seu entendimento, uma como reivindicação e outra como advertência.

Pode-se entender adaptação, segundo Bloom, Krathwohl e Masia (1979) e Ipfling (1979), como a ação e, também, o resultado da aceitação de um sistema de controle para a regulação das pulsões, impulsos e desejos, cujo ajustamento pelos instintos é insuficiente no chamado processo de socialização do indivíduo.

Neste ponto de vista, acomodação toma a designação de *processo adaptativo* a que o estudante se submete, face às normas e aos imperativos comportamentais preestabelecidos.

Assim, a adaptação serve para evitar conflitos e estabelece o estado de equilíbrio entre o sujeito e o exterior.

Uma ação pedagógica responsável, como entendem Delamont (1987) e Fernandes (1990b), seria levar a pessoa, progressivamente, a atuar na entrega e dedicação do desafio da libertação contra a ação condutora às necessidades da natureza e principalmente às do meio cultural. A emancipação entendida desta forma só pode ser pensada como um processo que ocupa toda a vida.

O termo "ajustamento" e não "adaptação", em Bloom *et al.* (1979), tem um significado mais amplo. "No centro de qualquer definição de ajustamento, está uma inter-relação de um aspecto da pessoa com outro, de tal maneira que, dentro desta organização, algum tipo de equilíbrio tenha lugar" (pág. 25).

A extensão do termo "ajustamento" no domínio afetivo pode ir desde uma simples demonstração de um comportamento social adequado até a inter-relação de uma perspectiva de vida da pessoa.

6.5 Apreciação

O termo "apreciação" tem sido empregado paralelamente aos termos interesse, atitudes e valores.

No dizer de Bloom *et al.* (1979), o termo "apreciação" pode referir-se a um comportamento simples, como uma pessoa estar ciente de um determinado fenômeno e poder ou ser capaz de percebê-lo. Em outra instância, pode ser também a verbalização do sentimento percebido, sendo neste caso intersecção do domínio afetivo com o cognitivo.

A apreciação, segundo Bloom *et al.* (1979), evidencia mais um processo do que um estado ou condição do domínio afetivo. Esta afirmativa fundamenta-se por apreciação ser caracterizada pela estima e julgamento relacionados à cognição, estando desta forma presente em atitudes, interesses e também valores.

Ainda para os mesmos autores, todos os termos utilizados na descrição do domínio afetivo sobrepõem-se na significação do *continuum*, sem haver especificidade ao recolocar-se os termos um ao lado do outro.

Um corolário destas afirmativas é a impossibilidade de um só termo apresentar o poder de descrever toda a extensão de um segmento referente ao *continuum* no domínio afetivo.

6.6 Interesse

Segundo Bühler (1980), "interesse" é o papel que desempenha um fator e que, no fundo, intervém em todas as atividades, no jogo da criação e realização.

Como afirma Ipfling (1979), os interesses têm seu desenvolvimento ligado aos estímulos existentes no respectivo meio, tendo como premissa o ambiente estimulador favorecer a diferenciação dos interesses.

Deve-se destacar, ainda, que os interesses — como ponderam Ipfling (1979) e Hurlock (1979) — possuem uma variabilidade temporal influenciada pelas experiências vividas.

A idade proporciona ao mesmo tempo uma diferenciação e estabilização na estrutura dos interesses, tornando as pessoas mais conscientes, e assim integrando-os na estrutura da personalidade, com acentuada diminuição de influência ou emergência de novos interesses através da atuação de outras pessoas e, neste caso, do professor.

Por esta razão, uma questão central das preocupações e esforços educativos deve ser não apenas em direção aos interesses já existentes dos alunos, mas o despertar de novos, ligados aos domínios essenciais da vida.

Os interesses possuem várias intersecções, no domínio afetivo, como ponderam Bloom *et al.* (1979), mas, principalmente, com valores e atitudes, que são evidenciados pelo gosto e satisfação na realização de muitas iniciativas, que devem ser incentivadas pelo sistema educativo, principalmente na realização dos interesses intrínsecos.

6.7 Valores

A socialização do ser humano, em geral, e da criança em idade escolar, em particular, apresenta muitas vertentes de influência, destacando-se a família, a escola e os companheiros da mesma idade.

Em menor escala encontram-se, nesta relação, a vizinhança, os círculos de amizade dos pais e, de uma maneira geral, o grupo cultural em que o ser humano se desenvolve, bem como o meio em que vive e atua.

As experiências vividas, como apontam Mussen, Conger e Kagan (1977), costumam proporcionar diretrizes gerais de conduta na vida, demonstrando as preferências do dispêndio de tempo e energia.

Os valores representam os diferentes bens importantes que o indivíduo considera na sua vida, e constituem referências para suas idéias do que é bom, bonito, efetivo ou justo, servindo também como orientação para o que fazer e pelo que lutar para os obter.

Ainda Mussen, Conger e Kagan (1977) salientam que a fase da adolescência é aquela na qual a preocupação com os valores e padrões morais tem seu auge. Acreditam que o interesse dos adolescentes por problemas de tal natureza envolve outros aspectos como os cognitivos, sociais e emocionais, pelas próprias exigências do desenvolvimento, maturação e influências do meio que os rodeia.

Para Allport (1969), os valores são uma *esfera da autonomia funcional essencial*, em que os motivos são sistemas variados e referenciados com os anteriores, mas funcionalmente independentes.

O estudo dos valores tem sugerido diferentes proposições de classificação com vistas à sua caracterização. Assim, têm surgido, como vertentes da análise, entre outras, as de origem social, econômica, religiosa, estética, política e teórica.

Desta forma, Bloom *et al.* (1979) alertam que os termos valores e atitudes são, comumente, utilizados como sinônimos, pois referem-se a fenômenos da mesma natureza, sendo o conceito de valores constituído em uma abstração de alto nível e a sua operacionalização resulta em um estudo de atitudes.

Pode-se concluir que os valores de um indivíduo só podem ser inferidos mediante o estudo de suas atitudes.

7. Conclusão

Nesta parte, foram examinados diferentes conceitos significativos em relação ao domínio afetivo e seus comportamentos, no âmbito dos sentimentos.

Pela análise apresentada aos diferentes conceitos, além dos estudos, ficou caracterizada a inter-relação e interdependência dos comportamentos do domínio afetivo, cognitivo e psicomotor de maneira a sublinhar a necessidade de o processo educativo dar atenção a todos eles, com o intuito de poder promover o desenvolvimento integral e harmonioso do educando.

Destacam-se a qualidade e as características do processo ensino-aprendizagem como fatores determinantes no desenvolvimento e aprendizagem do domínio afetivo.

Deve-se destacar a sobreposição dos diferentes conceitos, no domínio afetivo, visto possuírem muitos aspectos em comum e nenhum deles caracterizar-se pela natureza exclusiva.

Verificou-se que a dimensão do domínio afetivo engloba muitos conceitos, entre eles os sentimentos e emoções, constituídos por atitudes, adaptação, apreciação, interesses e valores, tendo sempre uma componente cognitiva e uma psicomotora, para sua expressão como comportamento.

No dizer de De Landsheere e de De Landsheere (1983), o estudo do domínio afetivo continua com graves lacunas, sendo ainda um amontoado de problemas; contudo, acredita-se que os objetivos afetivos deverão ser uma matéria de educação, com prioridade para diversos estudos.

CAPÍTULO II

ESTUDO DOS COMPONENTES DO DOMÍNIO AFETIVO

1. Introdução

O presente capítulo tem como objetivo descrever as diferentes categorias da dimensão afetiva escolhidas como relevantes para o estudo, com predominância para as relacionadas com os atos pedagógicos do professor.

Primeiramente, far-se-á uma descrição dos componentes eleitos para o estudo, abrangendo tanto o ensino geral como o específico da educação física.

Em segundo lugar, mencionar-se-ão as pesquisas e seus resultados, realizadas em diferentes contextos e sob múltiplos parâmetros, bem como evidenciar-se-ão as conclusões e sugestões que sobrevieram das respectivas pesquisas.

2. Escolha dos componentes

Por entender-se que um ato pedagógico envolve componentes de diferentes dimensões, ou domínios, como foram celebrizados por estudiosos, entre eles Bloom *et al.* (1979), Bloom (1981), Carreiro da Costa (1988) e Postic (1979), as opções deste trabalho recaíram, inicialmente, sobre os componentes da dimensão afetiva.

As dimensões, como foi evidenciado, mantêm uma inseparável e estreita interação na ação dos comportamentos, e as diferentes variáveis destacadas pelo estudo foram selecionadas por serem julgadas comportamentos primordiais e pedagogicamente significativos, além de serem detectados pela observação direta.

Dentre as muitas formas de encarar a dimensão afetiva e destacar os seus componentes, o estudo baseou-se nas considerações propostas por Bloom *et al.* (1979), Bloom (1981) e D'Hainaut (1980).

3. Componentes da dimensão afetiva

Podem-se captar e analisar muitos componentes afetivos que são manifestados pelos professores, em diferentes situações de ensino, e expressos pelos comportamentos.

Os comportamentos que foram selecionados para o presente estudo, como representativos da dimensão afetiva, foram os seguintes: *elogiar, usar o primeiro nome, demonstrar afeto, utilizar urbanidade (por favor, obrigado, desculpe), criticar, agredir, punir.*

Os comportamentos foram divididos em duas categorias polares, afetividade positiva e negativa (Carreiro da Costa, 1988; Postic, 1979). Foram consideradas como representativas da *afetividade positiva* as intervenções expressas pelo professor de: *elogiar, usar o primeiro nome, demonstrar afeto, expressar-se com manifestação de urbanidade.*

A *afetividade negativa* compreendeu os comportamentos manifestos pelo professor de: *criticar, agredir* e *punir.*

* * *

4. Afetividade positiva

4.1 Introdução

A afetividade positiva foi considerada como toda manifestação, verbal ou não, que esteja relacionada a elogiar, usar o primeiro nome, demonstrar afeto e expressar-se, com urbanidade, frente às manifestações expressas por alguém.

As atitudes das pessoas, em geral, são manifestações de seus estados emocionais. As atitudes e os comportamentos dos professores devem exercer uma ação marcante sobre a criança, na medida em que serão, em grande parte, responsáveis pela estruturação da personalidade e, desta forma, pela orientação para a sua vida futura.

Neste contexto, a escola deve proporcionar ao indivíduo as possibilidades de integração na sociedade que o rodeia, fornecendo e despertando o cabedal de suas potencialidades.

O professor, como ser humano, no dizer de Fernandes (1990b) e Mosquera (1978), deve ser preparado e ter maturidade para suportar a carga de agressividade ou afetividade desmedida, com conotações positivas ou negativas, que sobre ele for projetada, revelando-se com conhecimento para compreender e, principalmente, funcionar como um suporte das transferências dos alunos, não se deixando abalar pelas constantes manifestações, mas assumindo-as como sendo um pólo de referências para os educandos.

4.2 Elogiar

Na ação pedagógica, a palavra "elogiar" pode assumir muitas conotações como significados semelhantes. Contudo, os efeitos e as aplicações são singulares.

O estudo englobou, sob a categoria de "elogiar", as diferentes possibilidades de manifestação e utilização da conotação de elogiar. Entre as muitas ramificações pedagógicas possíveis da manifestação de elogiar, entendem-se como: *manifestação do professor verbal ou não para louvar, gabar, incentivar, animar, estimular e alentar a manifestação do aluno.*

A criação de um clima positivo, uma interação positiva na sala de aula, como sugerem Martinek, Crowe e Rejeski (1982) e Piéron (1988), passa por uma série de atitudes e comportamentos que o professor deve manifestar.

Entre as atitudes e intervenções que o professor deve evidenciar aparece o elogio, uma das ações positivas e também um dos componentes modificadores do comportamento.

Muitas são as razões para insistir-se em intervenções positivas, sobremaneira em uma pedagogia que procura o êxito do educando.

As conotações positivas da ação de elogiar (*praise*) englobam manifestações de louvar, aplaudir, incentivar, gabar, constituindo uma recompensa (*reward*) para quem a recebe, sendo portanto um reforço positivo da ação que foi elogiada.

O objetivo das ações de elogiar nem sempre tem apenas a finalidade de enaltecer a fixação da aprendizagem, mas igualmente de incentivar manifestações de comportamentos que o professor considera apropriados.

As intervenções de afetividade são muito dependentes das considerações individuais do aluno, ou, como coloca Bloom (1981), são altamente influenciadas pela percepção que ele possui da sua própria competência na aprendizagem da matéria escolar.

Os elogios, segundo Good e Brophy (1986), não atuam sempre como um reforço mas, sim, como indicador das expectativas e atitudes que os alunos têm do professor.

Contudo, deve-se frisar, mesmo em outros campos da intervenção do professor, que não existe uma regra absoluta, uma receita pronta ou uma intervenção universal que seja capaz de garantir o êxito no ensino, como lembra Piéron (1988).

Deve-se, no entanto, destacar que, para a maioria dos alunos, a intervenção positiva do professor é sinônimo de ânimo, participação, alento, e, para alguns, pode até tornar-se uma auto-satisfação, como estudos de Cloes e Piéron (1989), Renard e Delens (1991) e Weiss e Friedrichs (1986) têm evidenciado.

Como toda intervenção, o "elogio", sendo uma ação positiva, pode ser verbal ou não, devendo ter-se o cuidado de a ação não-verbal não anular ou prejudicar a intervenção verbal do professor.

Para Merrett e Wheldall (1990), as formas de comportamento social e sua manifestação devem ser aprendidas tanto na forma verbal como na não-verbal, principalmente gestual, e finalizam dizendo: "However, some pupils have not learned to respond so readily to social reinforcement and with them we have an additional problem, but it is still an educational problem and one which is our responsibility" (pág. 29).

Alguns princípios orientadores são sugeridos por Merrett e Wheldall (1990) e Piéron (1988), para os professores terem como objetivos na sua intervenção positiva.

Destacam-se os seguintes: *a*) os comportamentos indesejados não devem ser evidenciados; *b*) o elogio deve ser direto e simples; *c*) as formas de intervenção devem ser variadas; *d*) as manifestações da forma verbal e da não-verbal devem ser coerentes; *e*) as intervenções com sentido negativo devem ser evitadas; *f*) os locais das aulas devem ser ambientes motivadores; *g*) as aprovações devem ser específicas; *h*) deve haver emprego de modelos interativos positivos.

Por isto, Merret e Wheldall (1990, pág. 15) sugerem: "... praise and rewards are, essentially, given following appropriate behavior which the teacher has determined is in the pupils's long-term interests".

Finalizando, pode-se dizer que o comportamento é um problema com muitas ligações profundas e difíceis de serem identificadas. Todavia, nada assegura que um problema eliminado não seja substituído por outro, devendo, desta forma, a ação do professor centrar-se, preferencialmente, no observável.

4.3 Uso do primeiro nome do aluno

A comunicação não é simplesmente envio de uma mensagem, mas também a recepção e a decodificação desta mensagem. Julga-se que o professor deveria ser um elemento com experiência na efetividade da comunicação, pelo fato de sempre estar comunicando algo, em sua atuação em uma aula.

Nas ponderações de Barlund (1980), a comunicação unilateral deixa sem ação pelo menos um dos elementos, empobrecendo a comunicação, sendo apenas uma emissão de mensagens, cabendo, desta feita, uma divisão de responsabilidades de medir as palavras e intenções em relação ao próximo.

A comunicação ou as mensagens podem assumir formas verbais e não-verbais. Gestos de hostilidade, expressões faciais de alegria, sorrisos, atos de intimidação e comportamentos de carinho são exemplos claros de comunicação não-verbal.

As razões de uma comunicação inefetiva, segundo aponta Mortensen (1980), entre o professor e os alunos podem estar ligadas a muitas causas que, resumidamente, são as seguintes: 1) o conteúdo da mensagem é inadequado para o momento; 2) a mensagem não comunica a intenção pretendida por falta de destrezas verbais ou não-verbais para emiti-la; 3) não existe recepção da mensagem por falta de atenção dos alunos; 4) o aluno interpreta o conteúdo da mensagem de maneira incorreta ou não a entende; 5) a mensagem emitida é extemporânea, causando confusão no sentido e entendimento.

Observa-se que a falta de efetividade da comunicação, muitas vezes, é do professor e, também, do aluno.

O uso do nome do aluno para a comunicação, como ele denota, é um conhecimento e direcionalidade por parte do professor, sendo um dos fatores para criar o clima positivo.

Para Siedentop (1983), uma das maneiras de conseguir comportamentos de interação positiva é utilizar com predominância a interação individual entre apenas um estudante e o professor, fazendo disto uma motivação individual e privada, sem envolvimento do grupo ou classe. Este tipo de ação é uma chamada para a motivação muito pessoal e com incentivo personalizado para determinado comportamento.

O uso do primeiro nome, com destaque em um grupo ou classe inteira com conotação pública, deve ter a intenção de indicar a possibilidade de todos os outros terem a mesma chance, e o indivíduo pode ter a satisfação derivada da interação e dos comportamentos da classe que são decorrentes da indicação individual.

Infelizmente, o uso do primeiro nome não se restringe somente às ações positivas, mas também, e freqüentemente, a todas as outras.

4.4 Uso de urbanidade, ou das expressões "por favor", "obrigado" e "desculpe"

As conotações de urbanidade, polidez, amabilidade e outras expressões similares dizem respeito às diferentes maneiras de manifestação de uma interação civilizada, respeitadora e positiva.

Como foi frisado por Delamont (1987) e Merrett e Wheldall (1990), as atitudes e comportamentos do professor possuem um papel preponderante para uma substancial melhoria comportamental dos alunos, pelas modificações operadas em alguns dos muitos componentes da aprendizagem.

A trilogia escola-professor-aluno é interdependente, e a interação positiva também passa pela cordialidade de comunicação que deve haver entre as pessoas, como evidencia Gibb (1980). O princípio da urbanidade deve ter a vertente do uso de gentilezas e polidez entre os intervenientes do ensino.

O professor nunca deve esquecer que todo aluno é possuidor de uma personalidade e esta não é largada à porta da escola, mas é com ela que o aluno vai interagir em relação ao professor, ao método, à aula ou à escola.

Acredita-se que a urbanidade do professor deve ser um fator importante na educação das crianças e adolescentes, devendo o professor empregar muito e freqüentemente as expressões de urbanidade na sua atuação em aula para que várias premissas pedagógicas sejam conquistadas.

4.5 Demonstrar afeto

A demonstração de afeto diz respeito a toda manifestação, verbal ou não, que existe entre pessoas em uma interação, principalmente na sala de aula, onde os intervenientes devem seguir o princípio de um clima positivo de trabalho.

Existem muitos exemplos de tal manifestação na literatura, mas Darst, Mancini e Zakrajsek (1983) e Siedentop (1983) citam, entre outras: *mãos no ombro, segurar pelo braço ou mão, tapinhas nas costas, abraços.*

A carência afetiva, como diz Fernandes (1990a), é ímpar e singular, não podendo ser substituída mas simplesmente compensada. Desta forma, os problemas afetivos familiares podem ser mitigados pela demonstração de afeto dos professores e dos que rodeiam o meio social da criança na escola.

Já para Merrett e Wheldall (1990), só pode haver ensino positivo se as demonstrações de comportamentos e atitudes positivas dos professores forem observáveis para os alunos, devendo isto consistir numa atuação treinada e conscientemente assumida.

Deve-se demonstrar o carinho, o afeto que se tem pela criatura humana, principalmente o aluno, ao introduzir a demonstração de tais sentimentos, não apenas pelos exercícios e destrezas que os alunos executam com nível satisfatório, mas também pelas expressões e atitudes que devem demonstrar na relação social que vivem diariamente.

5. *Afetividade negativa*

5.1 Introdução

Deve-se entender afetividade negativa como toda manifestação de alguém, verbal ou não, para criticar, ironizar, menosprezar, admoestar, ameaçar, agredir, castigar ou punir toda e qualquer atuação de outrem.

Toda pessoa humana possui o seu estereótipo com conotações do bom e mau, moral e imoral, bonito ou feio, representando a imagem que é o diagnóstico feito com base em semelhanças, com imagens ao sabor da avaliação global da pessoa.

O professor, como qualquer pessoa, não pode dar conta da atração e repulsa que atravessam o espírito dos alunos e, muito menos, dominar as impressões que se refletem na sua relação com cada aluno, isto pela quantidade deles e pela não expressão aberta destes sentimentos.

A desigualdade de tratamento dos alunos pelo professor, sob vários parâmetros, é uma questão certa, como apontam muitos autores, entre eles Delamont (1985), Dunbar e O' Sullivan (1986) e Fernandes (1990a). Contudo, o fato de ser colocado frente a um grupo de vinte, trinta ou mais alunos dificulta para o professor agir de uma maneira uniforme, ou com a mesma intensidade, nas suas atenções, considerações ou mesmo nos elogios, encorajamentos, reprovações e avaliações para todos os alunos.

Todavia, não se justifica — e nem é pedagogicamente correto — haver demonstração de atenção exagerada para alguns, em detrimento dos outros. Entende-se que todos deverão ter e merecer a atenção do professor, especialmente a positiva.

A atitude do professor varia de turma para turma, de indivíduo para indivíduo, sendo produtora, muitas vezes, de um tratamento desigual e diferenciado. Apesar de não ser totalmente consciente, esta atitude do professor produz nos alunos os seus efeitos, muitas vezes negativos e danosos, como alertam Santos (1991) e Valente (1990).

Pela maior freqüência e por serem mais comuns, foram eleitos como intervenções de afetividade negativa os seguintes comportamentos expressos pelo professor: criticar, agredir e punir.

5.2 Criticar

A expressão de criticar é vasta e consegue abranger toda manifestação, verbal ou não, para ajuizar, comentar ou censurar qualquer desempenho de outrem.

Desta forma, nesta categoria podem ser consideradas as diferentes possibilidades de comentar e censurar, incluindo as manifestações de *ironizar*, entendidas como manifestações para zombar da atuação, as de *menosprezar*, entendidas como manifestação depreciativa em relação ao desempenho, e as de *satirizar*, entendidas como manifestação de motejar ou ridicularizar toda atuação de outrem.

Por conseguinte, perante as diferentes manifestações dos alunos, os professores são aconselhados a terem atitudes positivas como formas mais eficazes de motivação e condução de uma aula. Mas nem sempre é assim, e no desenrolar de uma aula, no caso específico de educação física, como afirma Piéron (1988), não há nada mais frustrante na função do professor do que ter de "lutar" constantemente para os alunos terem comportamentos que os levem a um trabalho agradável e conseqüente.

O trabalho escolar nunca terá atingido seus objetivos e nunca trará satisfação se o professor e os alunos estiverem em constante conflito. Contudo, entende-se que este problema transcende o campo metodológico da aula e deve tratar-se de preocupação cotidiana de um professor, quando se considera que a aula deveria ser uma interação agradável entre pessoas.

Parece que alguns professores têm problemas crônicos na relação com os alunos, enquanto outros conseguem respeito e obediência, sem um esforço aparente.

No entanto, comprovadamente, não é por mera casualidade que isso acontece. Podem-se apontar algumas atitudes e ações que os pesquisadores consideram como primordiais, para se conseguir resultados favoráveis de uma interação positiva. Para Piéron (1988) e Siedentop (1983), uma interação positiva é facilitada pela instrução positiva, técnicas positivas de manejo e intervenções aprovadoras.

5.3 Agredir

A intensidade de uma emoção em um *continuum* determina muitas vezes a sua variação no uso diário que as pessoas comumente fazem, não obstante não se poder fugir da mesma base emocional.

O *continuum* de agredir não foge à regra e sua manifestação mais "amena" é a admoestação, passando por ameaçar, intimidar e ofender, finalizando em atitudes de atacar e ferir.

Parece eufemismo repetir que muito foi escrito sobre agressão. Contudo, julga-se que foi estudado muito pouco em termos pedagógicos e relacionados à interação dos intervenientes de uma aula pelo fato de agressão, neste contexto, *ser entendida como uma punição ou castigo e nunca como agressão*, como é o seu sentido na ação manifesta do presente estudo.

Autores como Brunelle *et al.* (1983) e Piéron (1988) julgam que o professor deveria agir mais e reagir menos, deixar de ser tão *crítico* e reparador nos pequenos comportamentos desviantes dos alunos.

O grande desafio da escola e, principalmente, do professor é determinar o que os alunos devem aprender, o que podem e o que não podem fazer e aquilo que se pretende com o trabalho escolar.

Perante isto, o professor deve decidir quais são as suas expectativas e os seus limites de tolerância frente a atitudes e comportamentos do aluno.

Como sugerem Delamont (1987), Estrela (1986) e Siedentop (1983), o professor deve definir as expectativas e traçar os limites perante a turma, e o mais importante é conseguir que eles sejam aceitos. Esta é a principal fonte de tensões na relação pedagógica.

5.4 Punir

A palavra "punição" pode tomar muitas formas de interpretação e sentido. A literatura pedagógica inglesa utiliza o termo "punishment" para toda ação do professor em castigar, reprimir ou penalizar uma manifestação julgada incorreta do aluno.

O castigo, segundo Ipfling (1979), é a punição de alguém que infringiu a legislação, o costume, a norma, o usual, esperando, com isto, o restabelecimento da ordem e a sua manutenção, para os representantes dos diferentes grupos sociais, grandes ou pequenos.

Contudo, Davidoff (1983, pág. 188) define punição "como aquela que ocorre quando, e apenas quando, um operante específico é acompanhado por uma conseqüência que reduz sua freqüência em situações semelhantes". Enfatiza que bater, gritar, xingar ou "dar bronca" seriam punições de casos em que tais atitudes enfraquecem um comportamento precedente. Dentro de tal visão podem tomar conotações positivas e negativas.

O castigo, para Ipfling (1979), é a *aplicação de um sofrimento que pode ser psíquico ou corporal*, e ainda a privação de um bem, pressupondo-se a validade de uma ordem que foi quebrada, tornando-se o sujeito culpado.

O *castigo deve ser entendido como punição, no presente trabalho*, tendo, desta forma, o mesmo sentido e conotação que os diferentes autores colocam e empregam em seus trabalhos e estudos.

O castigo, como conclui Ipfling (1979), torna-se importante em todos os domínios de vigência que possuem uma ordem social com fórum moral.

O castigo, desde muito tempo, é conotado, também, a preocupações pedagógicas, tendo tido, na Idade Média, uma força e um papel preponderantes, com o professor e o educador rivalizado com o papel de mestre do castigo, como historia Ipfling (1979).

As opiniões, como apontam Ipfling (1979) e Galloway (1981), sobre a legitimidade do castigo enquanto meio pedagógico variam muito, indo desde considerações como meio de disciplinação conciliável com a dignidade do homem, passando pela necessidade metafísica do castigo, considerado como uma maneira cômoda e realista de influenciar o comportamento, e, extremamente, como sendo a bancarrota da educação.

No capítulo das punições em uma sala de aula, são muitos os tipos de castigos empregados para sancionar as transgressões ou manter a disciplina desejada pelo professor.

Apesar da sua constante utilização pelo professor, o castigo pode não ser uma técnica adequada para o condicionamento humano, mas é certamente uma forma de controlar o comportamento, afirma Galloway (1981).

Há autores, como Piéron (1988), Siedentop (1983) e Sprinthall (1987), que julgam que a punição deve ser utilizada em casos muito claros de comportamentos de indisciplina e, assim mesmo, não deve ser adotada em todas as situações mas, também, ser combinada com outras técnicas.

Contudo, Galloway (1981) também pondera que o castigo, usado de maneira apropriada, pode provocar a supressão do comportamento que ele acompanha, mas junto traz efeitos colaterais não desejados, tais como: o aumento da sua freqüência, a rejeição pelos alunos, perda de eficácia com o tempo, entre outros.

Já para Ausubel, Novak e Hanesian (1980), a recompensa e a punição são partes positiva e negativa de um mesmo assunto, ligado à problemática motivacional, na aprendizagem escolar. Afirmam ainda: "...a escola deve focalizar-se na recompensa, ao invés da punição, e minimizar, ao invés de enfatizar as ameaças explícitas de fracasso" (pág. 348). Os mesmos autores destacam que negar a existência e a eficiência da punição como variável motivacional na aprendizagem escolar é completamente irrealista.

E ainda vão mais longe, ao afirmarem que sua sustentação de tal posição fundamenta-se em cinco pontos, que são geradores da confusão, a respeito da legitimidade e da eficiência da punição como uma variável motivacional na aprendizagem.

Os pontos de confusão seriam: 1) o movimento da educação progressiva com posições permissivas centradas na criança; 2) o fracasso da distinção semântica entre a punição como contrário de recompensa e o seu sentido geral; 3) a não percepção da função de facilitação de aprendizagem através da ameaça antecipada; 4) o não estabelecimento dos efeitos, a longo prazo, entre o fracasso e a motivação para auto-estima; 5) o entendimento utópico de que o reforço positivo é a chave para toda a aprendizagem.

Apesar desta posição claramente assumida, os mesmos autores alertam para o uso e a aplicação seletiva e muito cuidadosa, sem a colocação fora da lei da motivação aversiva, "...mas em mantê-la dentro de limites razoáveis, contrabalançá-la com impulsos cognitivos e de engrandecimento do ego em sentido positivo, tornar a aprendizagem mais bem-sucedida ...e fornecer aconselhamento a alunos que se mostram particularmente ansiosos" (pág. 351).

Perante o exposto, ficam muitas dúvidas sobre a exeqüibilidade de alguns preceitos, deixando muitas interrogações para serem respondidas e pesquisadas.

Não obstante a variedade de opiniões, outros autores, entre eles Galloway (1981) e Piéron (1983), afirmam que todas as formas de punição podem ser substituídas por formas positivas de disciplinar, que são muito mais desejáveis e também consideradas mais conseqüentes.

Galloway (1981), Merrett e Wheldall (1990) e Siedentop (1983) resumiram, em algumas regras, as indicações apontadas pelas pesquisas sobre a punição, sugerindo estratégias eficazes na atuação. As indicações situam-se em dois momentos de ação: 1º) *conhecimento e reflexão*; 2º) *as regras de emprego da punição.*

1º) Conhecimento e reflexão do castigo — devem levar aos princípios e comprovações que foram geradas com as pesquisas e a sua aplicação no cotidiano da vida escolar. Sendo os castigos entendidos como sintomas, por vezes, de situações deficientes de atuação na sala de aula, as seguintes perguntas deveriam anteceder a aplicação de um castigo: qual a razão do emprego do castigo?; qual a atitude alternativa ao emprego do castigo?; a instrução está sendo apropriada?; as condições de aprendizagem foram satisfeitas?; será que estou certo?

2º) Regras de emprego da punição ou castigo — dizem respeito aos resultados de várias pesquisas realizadas com o intuito de verificar as diferentes atuações punitivas do professor e sua repercussão nos alunos.

Ainda, deve-se levar em consideração que o castigo corporal e as outras sanções que são previstas em leis e regulamentos escolares, dentro do âmbito de cada país, têm uma proibição formal.

Apesar disso, Davidoff (1983, pág. 459), referindo-se ao povo norte-americano, comenta: "Muitas vezes as escolas também são locais violentos. Em 1976, cerca de 75.000 professores dos Estados Unidos solicitaram atenção médica para ferimentos infligidos por estudantes. Durante aproximadamente o mesmo período, mais de 300.000 estudantes foram vítimas de brutalidade em escolas norte-americanas. Todas estas estimativas são consideradas conservadoras".

Quando o emprego do castigo ou punição é inevitável ou a situação o requer, como sugerem Galloway (1981), Piéron (1988) e Siedentop (1983), devem-se seguir as regras, tidas como importantes, para o uso efetivo desta interação negativa, sem prejuízo dos objetivos mais longos.

Mas Siedentop (1983) também sugere regras de castigo corporal, afirmando que é um assunto muito sério, devendo ser usado forçadamente e com seriedade, e a sua única justificativa é no caso de um comportamento que requer imediata cessação.

6. Pesquisas sobre a dimensão afetiva em educação física

6.1 Introdução

Ao ser o ensino considerado como um ato complexo, as intervenções do professor terão suas origens e também conseqüências. As principais intervenções do professor são determinadas pelo seu planejamento, pela percepção dos acontecimentos na aula e pelo comportamento dos alunos. Desta forma, a análise e o melhor entendimento do que se passa na aula só pode acontecer em uma visão global dela.

Os primeiros estudos de educação física sobre o comportamento e interação professor-aluno, como nos colocam Piéron e Cheffers (1988), foram realizados por Barrett e Bookhout, na década de sessenta, com enfoque no clima da aula relacionado a outros quatro fatores.

A década de setenta registrou o aparecimento do FIAS (*Flanders Interaction Analysis System*) como instrumento de codificação das intervenções do professor em aula.

A adaptação mais notada no sistema criado por Flanders foi realizada por Cheffers em 1973, *Cheffers Adaptation of Flanders Interaction Analysis System* (CAFIAS), ampliando-o e ajustando-o mais para a Educação Física, tendo como subsídios as críticas advindas dos pesquisadores.

Vale destacar o trabalho de Weiner (1979), que, após extensa revisão da literatura ligada ao ensino, formula uma teoria da motivação com base nos sentimentos atribuídos para o sucesso e fracasso em diferentes tarefas. É conhecida como "teoria atributiva da motivação" (attributional theory of motivation).

Tudo aponta para distinguir diferentes causas ligadas a fatores de estabilidade, controlabilidade, sorte, personalidade, causalidade, para justificar e evidenciar os diferentes sentimentos ligados ao sucesso ou fracasso em tarefas ou atividades.

6.2 Estudos sobre afetividade nas atividades físicas

Seria impossível cobrir todas as pesquisas realizadas no mundo sobre a dimensão afetiva, tanto pelo número como pela evolução e direção através do tempo delas, pela diferença de idiomas e, por fim, pelo objetivo do trabalho.

Desta forma, a revisão da literatura ater-se-á aos idiomas português, francês e inglês e às pesquisas mais recentes, especificamente à educação física nos aspectos da aprendizagem e treinamento. Apesar de o ensino e o treinamento perseguirem objetivos diversos, realizarem-se em contextos específicos, muitas atuações válidas e positivas — principalmente as relacionadas com os mais jovens — podem ser transferidas, adaptadas e implementadas com reciprocidade proveitosa.

Assim, resumidamente e agrupando em tópicos anteriormente discutidos, passa-se a evidenciar os estudos.

A primeira vertente de estudos foi gerada por pesquisas referentes a interrogações sobre o desempenho dos professores, a relação professor-aluno e a formação e treinamento dos professores.

Assim, Cheffer e Mancini (1978) analisaram um banco de dados, constatando que os professores utilizam pouco o elogio na sua atuação e, igualmente, Soar e Soar (1979), além de Brunelle *et al.* (1983) e Shigunov (1990), constataram uma tendência dos professores em atuarem com clima negativo nas suas aulas de educação física.

Já Twa (1979) e Martinek e Karper (1984) demonstraram que os professores do sexo masculino, no nível intermediário de escolaridade, elogiam mais que os do sexo feminino, e a idade dos alunos é um fator importante para a atuação do professor, como também foi confirmado por Rolider, Cooper e Van Hounten (1984) e Shigunov (1991).

Delvin, Mancini e Frye (1981) afirmam que os elogios e as perguntas com aceitação possibilitam um desenvolvimento melhor da aula. Também, McCaugham e Gimbert (1981), além de McCaugham e McKinley (1981), obtiveram resultados semelhantes ao estudar o reforço em tarefas físicas específicas, e McAuley, Russel e Gross (1983) concluíram que o sucesso e o fracasso em tarefas físicas geram diferentes sentimentos, como sugere igualmente Weiner (1986).

A formação e o treinamento dos professores de educação física foram estudados por McBride (1984), Rolider, Siedentop e Van Hounten (1984) e Cloes e Piéron (1989) sob parâmetros de entusiasmo e as questões de instrução e reforço, confirmando que estes elementos devem ser trabalhados e fixados pelos profissionais para haver constante utilização, proporcionando uma melhor atuação, como foi confirmado igualmente pelo estudo de Carlier, Nijskens e Soleil (1985).

Já Dumbar e O'Sullivan (1986), além de Twardy e Yerg (1987), mostraram que o planejamento é fator importante no desempenho dos professores.

Os estudos de Hardy e Rejeski (1989) e McAuley e Duncan (1989) sugerem que as expectativas e as aspirações dos alunos são fator importante na determinação da satisfação e sucesso nas atividades físicas.

Finalmente, Feshbach e Feshbach (1983) concluíram que os fatores afetivos exercem influências na realização acadêmica dos alunos.

A outra vertente de pesquisas centra-se nas atuações dos treinadores, empenho e satisfação dos atletas e as conseqüências dos treinamentos.

Smoll, Smith, Curtis e Hunt (1978) observaram e constataram que o desempenho dos treinadores não evidencia muitos atos punitivos, mas a percepção dos atletas foi diferente. Já para Wescott (1980), as atitudes positivas do treinador exercem influências positivas nos comportamentos dos seus atletas, e para Robinson e Carron (1982) muitas atitudes dos treinadores podem fazer com que os atletas abandonem os treinamentos.

Ao estudar os preditores da alegria em jogos, Scanlan e Lewthwhite (1986) concluíram que tal sentimento depende da habilidade e do sucesso alcançado pelos atletas, e para Weiss e Friedrichs (1986) as atitudes positivas dos treinadores são igualmente fatores positivos na percepção dos atletas.

O estudo de Vallerand (1987) confirma a forte influência da realização na auto-avaliação dos atletas, além de mostrar a importância do afeto nos treinamentos. Ao estudar a relação entre o afeto positivo e o negativo, Brustad (1988) concluiu que os atletas experimentam tais sentimentos em sua participação esportiva.

Finalmente, Claxton (1988) estudou os comportamentos dos técnicos com "mais" e "menos" sucesso, constatando que as atitudes de elogios, instrução, manejo e perguntas são mais freqüentemente utilizadas pelos técnicos com "mais" sucesso.

6.3 Conclusão

A dimensão afetiva é uma dimensão, pedagogicamente, muito difícil de ser tratada e analisada. Não obstante a dificuldade, muito tem sido feito na conquista de um melhor entendimento da afetividade. Como afirmam Bloom *et al.* (1979), Claxton (1988) e Vallerand (1987), neste domínio faltam ser feitas muitas pesquisas, para perceber mais claramente que ambientes e que experiências produzem modificação.

Conforme se evidenciou, os comportamentos do domínio afetivo devem ser considerados como importantes para o processo educativo, uma vez que estão presentes e atuantes em todos os momentos e circunstâncias. A sua influência se faz, também, nos aspectos da qualidade, motivação, tendências e inspiração das diferentes maneiras de atuação, tanto do professor como do aluno.

A promoção e desenvolvimento de comportamentos, no domínio afetivo, devem ser vistos, como propõem Fernandes (1990b) e Luck e Carneiro (1983), como um esforço central e sistemático da ação educativa.

A consecução dos comportamentos no domínio afetivo, ao qual está vinculado o desenvolvimento integral pretendido, também deve vincular-se a uma política educacional, à sensibilização e habilidades dos professores, para realizá-la.

Em nível da escola, como ponderam Fernandes (1990b) e Valente (1988), ainda persiste em grande parte a hesitação, relativamente à promoção, desenvolvimento e avaliação dos comportamentos do domínio afetivo, pelo fato de a escola e professores estarem voltados, preparados e vocacionados para a promoção das habilidades cognitivas, habilidades técnicas de conteúdos e itens postulados, como tarefas específicas do professor.

A apresentação de diretrizes e procedimentos, além da avaliação do domínio afetivo, deve quebrar o círculo vicioso que foi gerado e perpetuado, frente ao comodismo e ao desconhecimento. Já para Fernandes (1990b), o professor submetido a muitos fatores estressantes, dificilmente se apercebe da sua situação "...que atrofia a sua individualidade essencial, bem como da sua acção alienadora que massifica os educandos" (pág. 81).

A promoção e o desenvolvimento das atitudes, interesses, valores e ajustamentos destacam-se, como sugerem Bloom (1981) e Luck e Carneiro (1983), como fatores relevantes do domínio afetivo, sendo também importantes no processo educativo.

Também a socialização dos alunos é outro fator de destaque do domínio afetivo.

Como afirmam Mehrens e Lehmann (1978), as pesquisas

indicam que uma parte da variação do rendimento escolar dos alunos se deve a fatores cognitivos e intelectuais, sendo a outra parte devida a outros e diferentes fatores, entre os quais tem papel preponderante a dimensão afetiva.

CAPÍTULO III

OS COMPONENTES DE INSTRUÇÃO NO ENSINO GERAL E DA EDUCAÇÃO FÍSICA

1. Introdução

O objetivo do presente capítulo é descrever as diferentes dimensões instrucionais e constituintes do estudo, situando-as em um contexto pedagógico. O capítulo fará a descrição dos componentes eleitos como relevantes para o trabalho na dimensão de instrução, abrangendo o âmbito do ensino geral e da educação física.

2. Escolha dos componentes

Um ato pedagógico, pela sua complexidade, envolve muitas variáveis. A opção de escolha deve-se à importância de que se reveste a variável ao estudo e do enfoque pretendido. Não obstante a visão pessoal que sempre deve possuir qualquer trabalho, existem variáveis que são impossíveis de ser relegadas a segundo plano, pela imprescindibilidade que lhes é atribuída pelo cabedal de conhecimentos gerados, através das diferentes pesquisas e enfoques sobre elas.

. A partir da determinação da sua alta correlação com o assunto estudado, tal variável assume uma importância vital e nunca deve ser olvidada. Não são muitas as variáveis com tal poder, tratando-se da pedagogia do ensino, mas uma delas é o *feedback*, ou retroalimentação, ou ainda conhecimento do resultado.

3. Componentes da dimensão instrução

3.1 Introdução

O ato pedagógico pode sofrer dicotomias temporais e ser rotulado com diferentes nomes, para efeito didático. Apesar disto, prosseguirá sendo uma unidade no *continuum* de uma aula. Os objetivos específicos inseridos em cada ação possuem uma conotação pedagógica importante no contexto da aula.

A dimensão instrução seria somente uma parte deste todo. Muitos componentes fazem parte da instrução, mas os mais importantes, entre outros, são o *feedback*, as perguntas, variação de estímulos e clareza da comunicação.

Contudo, como pondera Piéron (1988), as variáveis não devem ser entendidas como imutáveis.

As variáveis que atingem os objetivos do trabalho, na dimensão instrucional, são o *feedback*, as perguntas e a organização. Para o presente trabalho, estas variáveis passaram a constituir uma dimensão distinta.

4. **Feedback** *no ensino geral*

Determinar a relação dos diferentes componentes do ensino e o seu peso nas dimensões da instrução é uma tarefa difícil, não obstante haver indicadores seguros advindos de muitas pesquisas realizadas no campo do ensino geral e, também, no das atividades físicas. Estas pesquisas mostram que para se atingir a efetividade, a satisfação e a motivação no ensino, existem determinados padrões que o professor deve ter em mente e seguir.

Autores, como Davidoff (1983) e Sprinthall e Sprinthall (1987), sugerem que os professores devem ter atitudes que proporcionem, entre outros, os seguintes elementos para os alunos: *tempo de prática, uso do reforço,* feedback, *clima positivo e perguntas.*

4.1 Visão geral do feedback

A mais exaustiva revisão sobre os componentes da efetividade do ensino foi realizada por Walberg (1986), que destaca o *feedback* como um componente com valor altamente positivo. Portanto, a oportunidade de oferecer um *feedback* ao aluno é um dos pontos mais importantes da aula.

O *feedback* não é tão simples como aparenta nesta descrição sumária. Suas raízes são mais profundas, seus efeitos mais importantes, devendo-se, assim, conhecer mais sobre todas as possibilidades do *feedback.*

Entende-se como *feedback uma informação que se deve prestar ao executante, verbal ou não, após uma prestação motora, cognitiva ou afetiva.*

Devem-se distinguir três conceitos básicos ligados ao problema do *feedback.* São eles: *reforço ou reforçamento,* feedback *ou realimentação e conhecimento de resultado ou retroalimentação.*

O reforço ou reforçamento tem suas raízes na teoria behaviorista da aprendizagem e seus conceitos são entendidos, como argumentam Davidoff (1983) e Singer (1975), como todas as ocorrências de qualquer evento que aumenta ou mantém a probabilidade de acontecer um determinado ato ou comportamento.

Feedback ou realimentação tem a ver com reforço, mas no sentido de ser uma informação sensorial acerca da resposta de qualquer manifestação que o elemento recebe, como explicam Magill (1984) e Singer (1975). O termo *feedback* é melhor entendido como um dos componentes do mecanismo de *processamento de informação.*

Contudo, autores como Morse e Wingo (1978) utilizam o termo "reforço" com a mesma conotação de *feedback.*

Conhecimento de resultados é usado por autores, como Knapp (1981) e Magill e Wood (1986), como sendo a informação sobre uma determinada resposta que se obtém apenas de uma fonte externa. A fonte para esta informação pode ser o professor, treinador, pesquisador ou um sistema de videoteipe. Contudo, o importante na questão é a informação que chega ao manifestante com as análises e percepções para sua resposta manifesta.

Posto desta maneira, o conhecimento do resultado é uma *forma específica de feedback,* ligado aos dados que o próprio executante dispõe, sendo uma fonte externa ou interna, conforme o caso específico.

Não se pretende entrar no mérito da questão das palavras que determinam diferentes funções, conceitos e entendimentos, não obstante sentir que a palavra mais comumente utilizada e consagrada para os eventos analisados seja *feedback.* A tradução para a língua portuguesa das diferentes conotações assumidas pela palavra *feedback* tem sido *retroalimentação, realimentação, reforço, reforçamento* ou ainda *conhecimento do resultado.*

Não pretendemos discutir aqui os diferentes conceitos e sentidos que *feedback* toma, mas também não devem pairar dúvidas sobre os diferentes usos e possibilidades das designações para um fenômeno importante ou até vital para a aprendizagem.

Não se deve colocar em dúvida a importância do *feedback,* reforço ou conhecimento de resultados na ação da aprendizagem das mais simples ações, como também nas resoluções dos problemas mais complexos. A ação do *feedback* pode assumir três possíveis funções: *informar, analisar* ou *reforçar.*

4.2 Visão do feedback *nas atividades físicas*

Um dos papéis de relevo desempenhados por um professor de educação física, na aula, consiste em fornecer informação ao aluno acerca dos erros e dos acertos cometidos em uma determinada tarefa, principalmente prática.

Muitos autores, entre eles Piéron e Cheffers (1988) e Underwood (1988), afirmam que existe uma grande variabilidade de enfoque do *feedback* para seu melhor entendimento. Sugerem que o *feedback* deve ser analisado sob diferentes dimensões e respectivas categorias.

O estudo das dimensões e categorias do *feedback* tem suscitado muitas controvérsias, mas é elucidativo o impacto do *feedback* na aprendizagem, independentemente das questões ligadas às condições de aplicação e do seu processamento. Para obter-se uma resposta efetiva e concreta sobre os diferentes efeitos do *feedback,* há necessidade de se especificar o contexto e as diferentes variáveis que intervêm no processo da aprendizagem, além de se determinar a qualidade do *feedback* e estudar a sua adequação à situação.

4.3 Estudos do feedback *na área da educação física*

Os trabalhos sobre *feedback* foram agrupados, basicamente, sob três vertentes que apontam as idéias das pesquisas. Elas podem enfatizar e ter repercussão na aprendizagem, sendo primeiramente vistos sob o enfoque de indicadores de entusiasmo do professor, em segundo como intervenientes na auto-estima e finalmente como fator motivador.

Em estudo recente, Carreiro da Costa (1988) utiliza a designação de "*feedback* pedagógico" e indaga a respeito do seu uso. Acredita-se ser importante destacar algumas conclusões e recomendações.

A única variável do *feedback*, com valor estatístico, destacada pelo autor no estudo realizado foi "...a freqüência de *feedback* específico apropriado explicado" (pág. 426).

O mesmo autor destaca os professores que utilizam o "*feedback* específico" e o "*feedback* apropriado" abaixo dos valores médios como sendo os professores menos eficazes, sendo os mesmos professores os que utilizam *feedback* específico apropriado audiovisual e individual.

Já os professores considerados mais eficazes foram os que utilizaram mais *feedback* específico apropriado descritivo explicativo e o global. Assim, o autor pondera "...a tendência dos valores das variáveis de *feedback* serem, na generalidade, claramente favoráveis aos professores 'mais' eficazes" (pág. 435).

Todavia, Graham, Soares e Harrington (1983) não constataram resultados superiores, nos diferentes tipos de *feedback* em professores "mais" e "menos" efetivos.

Também em relação aos técnicos considerados com "mais" e "menos" sucesso, os estudos de Markland e Martinek (1988) evidenciaram diferenças na quantidade e tipos de *feedback* proporcionado aos atletas.

Rolider, Cooper e Van Houten (1984) evidenciaram os efeitos reprodutores da modelagem e *feedback*, positivos e os resultados foram corroborados por Wescott (1980). Também Hall, Weinberg e Jackson (1987) não encontraram diferenças nos diferentes tipos de *feedback* utilizado, mas as metas definidas foram fator de diferença.

Dunbar e O'Sullivan (1986) detectaram diferenças nas intervenções dos professores não especialistas de educação física, quando consideradas as suas intervenções de *feedback* em relação ao sexo dos alunos.

Os estudos de Feltz e Landers (1979) e Vallerand (1983) evidenciaram a importância do *feedback*, principalmente o positivo, na motivação, tanto intrínseca como extrínseca, para realização de tarefas físicas.

Estudos de McCaughan e Gimbert (1981), McCaughan e McKinlay (1981), Weinberg e Ragan (1979) e Weinberg *et al.* (1990) evidenciaram a importância do *feedback* no sucesso das tarefas motoras e sugerem a falta de maior número de pesquisas ligadas à questão de suçesso e fracasso.

Rolider, Siedentop e Van Houten (1984) consideram o *feedback* positivo como parte do entusiasmo. O entusiasmo é um dos elementos correlacionados com a *performance* dos alunos, mas a influência do *feedback* não é evidenciada. Mesmo assim, os autores sugerem que seja excluído como fator de entusiasmo, por ser possível fornecê-lo com ou sem entusiasmo.

Delens, Renard e Swalus (1987) estudaram a satisfação dos alunos em diferentes parâmetros de ensino de educação física, e incluíram como um dos componentes do estudo o *feedback*. Compararam a satisfação e os *feedback*, em suas diferentes manifestações. Os resultados indicam que a satisfação independe da quantidade de *feedback* fornecida. A satisfação é relacionada à qualidade da avaliação positiva.

Finalmente, Yerg (1981), refletindo sobre os estudos da efetividade do professor, usando a configuração do processo-produto, refere que o fornecimento de *feedback* é uma das componentes que concorrem para os resultados finais apresentados pelo aluno. Contudo, afirma que apenas fornecer *feedback*, sem este estar relacionado à tarefa, em nada ajuda na *performance* do aluno, desta forma alertando que muitos comportamentos do professor são inadequados e incorretos. Alerta, igualmente, para o emprego do *feedback*, no caso de os alunos não estarem preparados para recebê-lo, sendo portanto inútil e até considera perda de tempo fornecê-lo.

4.4 Conclusão

Parece que ainda persiste, para muitos, a confusão entre os termos *feedback*, reforço e conhecimento do resultado, apesar de haver indicações claras para distingui-los.

Percebe-se que existe uma vasta gama de utilizações e de formas que o professor emprega na sua aula, para fornecer o *feedback* sobre uma *performance* do aluno. Nota-se, também, pouca menção sobre o *feedback* intrínseco nos estudos realizados, além de o *feedback* externo ser tratado quase unicamente e relacionado aos aspectos do desempenho motor.

Como afirma Underwood (1988), o *feedback* é uma variável poderosa, mas muito complexa, sendo a sua efetividade dependente de fatores como o conhecimento do professor sobre seus alunos, da matéria lecionada e do processo de aprendizagem.

Para Martinek, Crowe e Rejeski (1982), o *feedback* seria um dos mediadores que distingue o tratamento proporcionado pelos professores em relação aos alunos "especiais".

Apesar do volume de conhecimentos que apóiam o valor do *feedback* no ensino, este parece não ser consistente e não informar devidamente sobre o seu vasto uso, nas aulas de educação física.

5. As perguntas

5.1 Introdução

A arte de perguntar é tão antiga como o próprio homem. Não obstante ser de muita importância para muitas disciplinas, já não se pode dizer o mesmo em relação ao seu valor na área das atividades físicas, em geral, e nas aulas de educação física, em particular.

Os motivos para tal afirmativa têm seu fundamento baseado na quantidade de pesquisas realizadas e, por outro lado, pelo estereótipo do professor de educação física ou da própria disciplina serem entendidos como de cunho prático e, por isto, dispensar tal ação pedagógica.

Entende-se que o conhecimento, também, foi gerado pela interrogação contemplativa frente ao desconhecimento das inúmeras questões materiais e metafísicas do universo que nos cerca.

Nunca se deve perder o encantamento que a criança sente frente ao mistério do desconhecido e o deslumbramento de desvendá-lo como sendo a essência da aprendizagem.

5.2 As perguntas no ensino geral

Deve-se entender que as perguntas evidenciadas pelo professor são ações que levam os alunos a participar na aula. As perguntas são uma das possibilidades que o professor possui de verificar a atenção, absorção na tarefa, o conhecimento, os pensamentos, sendo uma maneira efetiva de levar os alunos a se manifestarem como partes integrantes do processo de ensino.

Contudo, apesar destas perspectivas positivas, as perguntas não devem ser armas de manipulação do professor, mas armas para levar tanto o professor como os alunos ao caminho da realização e crescimento, além de um padrão de eficiência no desempenho condizente com cada papel exercido.

A linha diferencial que separa as "perguntas" do "*feedback* interrogativo" não existe no presente trabalho, por entender-se como perguntas toda interrogação do professor, indiferente ao momento em que correu tal inquirição.

Apesar desta determinação, não se deve olvidar que é considerado como *feedback* interrogativo, como denominam Carreiro da Costa (1988), Piéron e Cheffers (1988) e Piéron (1988), e só pode ocorrer após qualquer prestação do(s) aluno(s), a reação do professor com o intuito de interrogar sobre a sua prestação.

Para Siedentop (1983), perguntas são uma das técnicas verbais mais importantes que o professor possui, sendo o cerne do ensino do método de solução de problemas e de inquérito.

Marques (1977) pondera que a técnica das perguntas é simples mas de grande utilidade para muitos assuntos que podem ser desenvolvidos com esta perspectiva.

Pfromm Netto (1987), analisando as pesquisas feitas nos últimos anos sobre perguntas que não eram simplesmente factuais, evidencia algumas conclusões sobre o assunto: *a*) as questões adjuntas têm efeitos diferentes, em perguntas interpretativas e em questões de tipo mais fechado ou restrito; *b*) as perguntas que envolvem processamento de nível mais profundo e mais significativo aumentam, substancialmente, a retenção; *c*) as perguntas adjuntas servem para direcionar a atenção aos alvos de ensino; *d*) quanto mais amplas e abrangentes as perguntas tanto mais ampla a aprendizagem; *e*) as perguntas que envolviam um modelo são facilitadoras da aprendizagem, enquanto as perguntas restritas e específicas restringem a aprendizagem; *f*) as perguntas que solicitam compreensão são as maximizadoras na aprendizagem de solução de problemas; *g*) as perguntas do pré-teste e pós-teste são as mais efetivas, na retenção.

As perguntas podem ser dirigidas ao indivíduo, ao grupo ou, então, à classe. Cada direção tem sua implicação pedagógica, bem como sua importância individual intrínseca.

Existem muitas divisões de perguntas baseadas em diferentes parâmetros e tendo vários objetivos. Merece destaque a conotação que as perguntas podem assumir em relação a diferentes níveis do processo cognitivo, como sugerem Bloom *et al.* (1983). As perguntas podem ser do nível de conhecimento, compreensão, aplicação, análise, síntese e avaliação. Assim, perguntas de um determinado nível solicitam uma postura condizente do professor e um conhecimento do aluno para desencadear os mecanismos de resposta cognitivos apropriados com as pistas, indícios ou sugestões que elucidarão, mais efetivamente, qualquer conhecimento armazenado.

5.3 As perguntas no ensino da educação física

Ao assumir-se que perguntar é uma variável importante no contexto do ensino, deve-se ter a preocupação de conhecer seus procedimentos e resultados.

Marques (1977) e Pfromm Netto (1987) concluíram que existe maior retenção se o professor faz na aula perguntas sobre o assunto em foco.

Também nas aulas de educação física foi pesquisado o tópico de perguntas, e Piéron (1988) concluiu que os professores utilizam menos perguntas cognitivas sobre o assunto tratado, não obstante haver um total em torno de cinco por cento deste tipo de atividade em um *continuum* de uma aula.

Para analisar as ações que os personagens desempenham e codificar a sua atuação, Flanders (1970) apresentou um instrumento em termos mais concretos e adequados do que, até então, comumente, era utilizado.

Através das observações, com uso do instrumento (*Flanders Interaction Analysis, FIAS*), o professor pode obter informações válidas sobre a sua atuação na aula, com as diferentes ações que são essenciais para a interação.

Apesar de o instrumento considerar a categoria "perguntas", esta circunstância não determina a qualidade das interrogações. Na verdade, deve-se ter igualmente o cuidado de determinar o que se pergunta e como se pergunta, para haver real ação na efetividade e resultado benéfico da pergunta.

Um outro instrumento de análise do comportamento do professor foi criado por Cheffers, modificando o de Flanders. O instrumento foi chamado de *CAFIAS* (*Cheffers' Adaptations of Flanders' Interaction Analysis System*). Entre muitas pesquisas que utilizaram o CAFIAS para estudar diferentes variáveis, poucas deram destaque ao comportamento na categoria de perguntas.

Darst, Mancini e Zakrajsek (1983), bem como Piéron e Cheffers (1988), efetuaram um exaustivo estudo sobre os diferentes instrumentos concebidos para estudar, com variados objetivos, os comportamentos do professor, treinador, alunos e atletas.

Para proporcionar um melhor entendimento, os instrumentos foram divididos em instrumentos ou sistemas de análise de interação, de análise do comportamento, de múltiplo uso, e sistemas de observação do ensino e treinamento.

5.4 Estudos sobre "perguntas" em educação física

A seguir, apresentam-se os estudos e escritos sobre o tópico "perguntas", envolvendo diferentes parâmetros de análise e variadas amostras ligadas a atividades físicas.

Dodds (1979), utilizando o CBTE *(Competency-Based Teacher Educational)*, estudou os efeitos da instrução e a mudança que pode proporcionar entre si o aluno e o professor, em um contexto de treinamento. As perguntas foram analisadas somente sob o ponto de vista gramatical, tendo a conotação de abertas e fechadas, e também foi estudada a direção delas — indivíduo, grupo ou classe. As conclusões levam a afirmar que os comportamentos podem ser mudados e elevadas as suas percentagens de manifestação.

Martinek e Karper (1984), utilizando o CAFIAS, estudaram as diferentes ações do professor em relação a dois diferentes contextos de aula, encontrando na análise dos resultados um índice muito baixo da variável "perguntas", indiferente ao contexto observado.

Dunbar e O'Sullivan (1986) estudaram os efeitos de um tratamento diferencial entre meninas e meninos nas aulas de educação física da escola elementar. A análise recaiu nos comportamentos verbais do professor. Entre muitas outras variáveis, as perguntas foram consideradas como uma das variáveis dependentes do estudo, tendo-se referido às questões dirigidas aos estudantes. Existem indícios de que o padrão de atuação do professor varia com o sexo e com as modalidades lecionadas, sendo causado pelas diferenças das habilidades motoras de entrada dos alunos.

Claxton (1988) estudou os treinadores de tênis da Escola Secundária, com "mais" e "menos" sucesso. O instrumento utilizado foi o ASUOI *(The Arizona State University Observation Instrument)*, que é composto por catorze categorias. Os resultados mostraram que a única variável com resultado estatisticamente significativo foi a de perguntas, sendo sua utilização mais freqüente pelos treinadores de maior sucesso. O autor conclui que a estratégia de perguntas é válida, não obstante necessitar mais estudos, para conhecer-se melhor seus efeitos como estratégia de treinamento.

5.5 Conclusão

As diferentes estratégias dos professores em perguntar, inquirir, perquirir, questionar ou então interrogar sempre foram objeto de muitos projetos e pesquisas. Este número é mais elevado no ensino geral e menor nas atividades físicas, nomeadamente, na função de ensino e treinamento.

Muitos são os instrumentos e sistemas de observação que incluem, no seu bojo, a categoria de perguntas com diferentes formas e manifestações próprias.

Apesar do volume de conhecimentos sobre o assunto, julga-se que existem ainda grandes interrogações para serem respondidas concernentes a este tópico.

6. Organização na sala de aula

6.1 Introdução

Ao se falar em organização de uma aula, muitas vezes se esquece que a estrutura é muito mais complexa do que inicialmente parece ser, para muitos professores que labutam no dia-a-dia da sua atividade.

Contudo, apesar de não ser objeto de estudo no presente trabalho, obviamente, deve-se lembrar a não dicotomia entre os diferentes níveis de organização do ensino.

Ao organizar o ensino, defronta-se com a presença dos detalhamentos que envolvem muitas das operações indispensáveis à sua realização, bem como dos suportes considerados mínimos que devem ser previstos com o intuito de viabilizar o desenvolvimento das atividades em questão.

6.2 Organização no ensino geral

Ao porpor-se uma análise das condições e necessidades no contexto de ensino e, especialmente, de educação física, isto leva invariavelmente à definição dos objetivos educacionais, que por sua vez determinam as estratégias de ensino, assim como os conteúdos e as disciplinas a serem estudadas.

Este conjunto de idéias precede as decisões relativas aos procedimentos específicos e didáticos, ou seja, prever metodologias, definir contextos, alocar recursos, dispor dos espaços e materiais, entre outras decisões que devem ser adotadas frente aos problemas emergentes das questões do contexto e assim caminhar ao encontro dos objetivos propostos para o ensino.

Deve-se prever uma gama de atividades que possibilitem aos estudantes, mais e menos motivados, alcançar objetivos mínimos com níveis satisfatórios.

O que realmente seria enriquecedor é ir além do resultado previsto, embora isto esteja intimamente ligado com as atividades programadas no sentido de elas fornecerem o despertar para futuras aprendizagens mais motivadoras e qualitativas.

Apesar de haver estudos relacionados ao tema de organização e gerência do ensino, faltam mais dados sobre o tópico ligado à especificidade da educação física, nas diferenças que separam as intervenções de uma sala para um ginásio, pista ou piscina.

6.3 Organização no ensino de educação física

Para Piéron (1988), os objetivos da função de organização são facilitar as condições do ensino e da aprendizagem, oportunizando aos alunos o máximo de participação e segurança. Por outro lado, Siedentop (1983) sugere que a maneira mais eficaz de lidar com a organização é quando os alunos aprenderam a se organizar rápida e eficazmente, em uma aula.

As intervenções de organização referem-se aos seguintes três aspectos básicos: 1º) os problemas administrativos que dizem respeito ao controle da presença dos alunos, à sua chegada ao local do trabalho, à troca de vestuários para a aula; 2º) relação com os alunos no que tange a ordens de organização das deslocações, início e término das diferentes atividades, chamadas de atenção; 3º) disposição e uso do material, com indicações de preparação e maior aproveitamento.

Contudo, carece refletir sobre duas questões que são realmente preocupantes, no aspecto de organização. Uma é por parte dos alunos que fazem tudo para retardar a aula, "queimar tempo", por ser uma atividade não desejada nem satisfatória.

O reverso da questão é o professor que prolonga o início da atividade com longas chamadas, diferentes exposições despropositadas originárias de inúmeros problemas e razões.

O segundo tópico diz respeito à interação com o aluno. Entende-se ser de grande importância para ambas as partes, tanto no aspecto de urbanidade como no de preparação e planejamento de uma aula.

Como sugere Siedentop (1983), o professor deve ter diferentes estratégias para as variadas situações e, assim, gerir com eficiência o tempo de organização.

O uso de uma interação positiva é muito importante para todas as idades, não obstante haver necessidade de uma interação diferenciada.

O estabelecimento de regras e normas claras para os alunos, como sugere Piéron (1988) e Siedentop (1983), ajuda na eficácia da organização. Todavia, relevar certos comportamentos dos alunos faz parte da interação e criação de um clima positivo.

Destacar a importância da boa organização e o seu funcionamento, além de ensinar a autogerência para os alunos, faz parte dos ditames de uma boa organização.

A figura 1 mostra os componentes de uma interação professor-aluno, sugerida por Nickel (1981).

Figura 1 — COMPONENTES DA INTERAÇÃO PROFESSOR-ALUNO

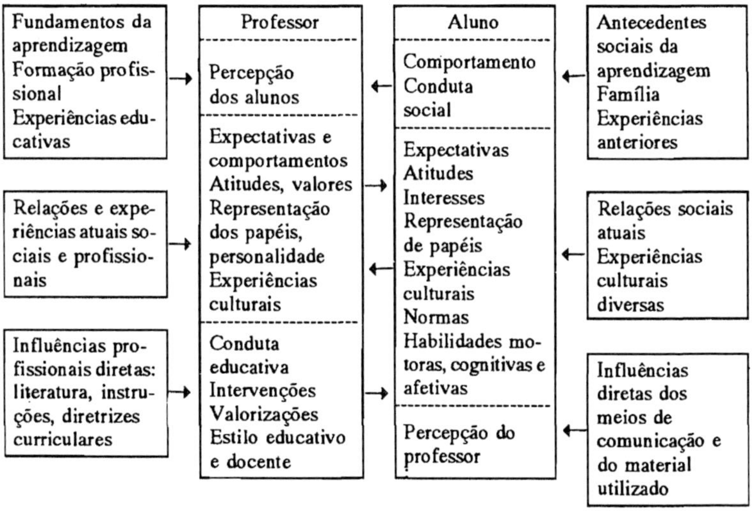

O terceiro ponto proposto diz respeito à utilização do material. Muitas aulas dificilmente seriam realizadas sem a ajuda dos alunos, pelo fato de diversas escolas não possuírem nem pessoal, nem local especializado para colocar e retirar o material necessário para a aula planejada pelo professor.

Na opinião de Piéron (1988), o professor não deve nem colocar, nem tirar o material sozinho, mas com a ajuda dos seus alunos, para estar atento aos comportamentos desviantes que sempre ocorrem em tais momentos. De fato, Carreiro da Costa (1988) constatou que professores "menos" eficazes envolvem-se mais tempo e mais vezes em colocação e retirada dos materiais.

Ainda, Carreiro da Costa (1988) salienta que os níveis de aprendizagem estão ligados ao tempo que o aluno está engajado nas atividades de aprendizagem, sendo, assim, ligado à capacidade do professor de organizar e gerir eficientemente a classe para proporcionar-lhe o máximo de tempo para a aprendizagem. Este tempo global está ligado ao tempo gasto em atividades que decorrem, com fluxo e ritmo adequado, às transições que são feitas de maneira rápida e disciplinadamente, havendo, desta forma, o gasto mínimo de tempo.

Contudo, Siedentop (1983) sugere que a identificação das destrezas de organização é um fator importante para sua consecução por parte dos alunos.

Sendo o objetivo fundamental de uma aula de educação física sempre o de transformar o tempo disponível em tempo de prática com o máximo de compromisso motor, deve-se procurar diminuir o número e a duração dos períodos de organização em uma aula.

Os passos para redução da duração e números das intervenções para organização seriam, como sugerem Mosston e Ashworth (1986) e Piéron (1983), a planificação do tempo, apresentação de variadas e muitas formas de formação para os exercícios, precisão e seqüência na organização do material para a aula, estar atento ao desenrolar da aula, criar regras para destrezas de organização, fornecer pistas positivas para o melhor trabalho de organização e mudar os estilos de intervenção.

6.4 Estudos sobre organização na área da educação física

A seguir, apresentam-se diferentes estudos e enfoques que foram realizados com o intuito de verificar as possíveis valorações da organização nas atividades físicas.

Dodds (1979) estudou o manejo da classe que era constituído por tópicos de organização dos alunos, situações de prática das atividades, mudanças de grupos, colocação ou retirada dos materiais. Os resultados mostram que as metas do *feedback* instrucional e de administração são mais fáceis de serem atingidas que as relações interpessoais ou o processo instrucional.

Resultados semelhantes foram evidenciados por Carreiro da Costa (1988), e o autor conclui, no seu estudo "...que os professores 'mais' eficazes não só despendem menos tempo com a organização das condições materiais de ensino-aprendizagem, como produzem menos intervenções com esse sentido" (pág. 429).

Carlier, Nijkens e Soleil (1985) estudaram os comportamentos da aprendizagem. O estudo mostrou que os professores não se diferenciam na sua atuação em maioria das categorias propostas para a análise. A organização ocupa, em média, um tempo de 12%, não havendo significância estatística entre as diferenças encontradas. Concluíram que, muitas vezes, o tempo gasto na categoria de organização não pode ser diminuído significativamente, apesar dos esforços conscientes neste sentido.

Florence (1985), analisando a qualidade da apresentação da tarefa em educação física, constatou que os professores utilizam a maior parte da comunicação em simples apresentação dos exercícios (44,2%), e organização espacial e ligações com atividades anteriores com igual percentual (28,1%). Conclui que, para a qualidade da comunicação dos professores, falta riqueza semântica, em diferentes episódios da aula.

Spackman (1986) estudou o treinamento de professores de ambos os sexos, em relação a diferentes parâmetros, em várias localidades da Inglaterra e lecionando diferentes modalidades. Os resultados mostram que o tempo gasto em organização dos alunos e manejo de material ocupa em torno de 21%. Os valores mais altos pertencem a professores do sexo feminino, na modalidade de ginástica.

Goc-Karp e Zakrajsek (1987) realizaram um levantamento sobre muitos tópicos considerados como importantes por diversos estudos, sobre a efetividade do professor. A organização, com os itens de tempo, espaço e equipamento, foi considerada como importante, no planejamento, para manter a classe sob controle, proporcionar participação e satisfação aos alunos. Estas variáveis foram consideradas como marcas de uma aula efetiva. As autoras assumem que planejar para o ensino não deve ocorrer acidentalmente, mas o resultado do planejamento deve ser para todos os aspectos considerados como relevantes. Detectaram também uma discrepância entre a concepção teórica e a realidade dos professores. O modelo da escola enfatiza o planejamento para o ensino, enquanto o professor planeja apenas para condução da aula.

Claxton (1988) estudou treinadores universitários de tênis considerados de "mais" e "menos" sucesso. Na questão de administração do tempo, os treinadores com "menos" sucesso despendem mais tempo com intervalos de administração e manejo que os com "mais" sucesso.

Eldar, Siedentop e Jones (1989) estudaram sete especialistas primários em educação física com diferentes tempos de experiência. Os resultados mostram que os anos de experiência de ensino do professor têm influência na administração do tempo de organização. Os professores com menos tempo de experiência do ensino dedicavam mais tempo ao episódio de organização.

Fink e Siedentop (1989) partiram do princípio de que existe necessidade de treinamento das diferentes rotinas, para atingir-se a efetividade no ensino. A organização fazia parte destas rotinas. Treinaram professores para seu desempenho no início do ano. Os resultados do estudo indicam que existem fortes similaridades no início do ano, no desempenho dos professores treinados e não treinados. Os autores concluem que, na realidade, não existem soluções mágicas para começar bem o ano letivo.

6.5 Conclusão

A dimensão de manejo, organização, condução ou administração (*management*) de uma aula é uma dimensão complementar, não obstante ser de grande importância, pelo fato de fornecer ao professor subsídios para os seguintes objetivos: ganhar tempo nos deslocamentos, permitir mais tempo de prática, melhorar a utilização dos materiais e equipamentos disponíveis, diminuir o tempo de transição.

Os aspectos que devem ser levados em conta nesta dimensão estão ligados a: *a*) controle da presença e ausência dos alunos; *b*) disposição dos materiais; *c*) deslocamentos diversos; *d*) formas de trabalho.

Algumas diretrizes podem ser traçadas, após conclusões de diferentes pesquisas efetuadas nesta dimensão:

— o controle da presença e ausência dos alunos não deve ser pretexto para "roubar" tempo da aula, podendo ser feito de uma maneira variada e pedagógica;
— as formas de trabalho na aula devem ser cuidadosamente planejadas, para diminuir o tempo de formação e deslocamentos;
— a utilização dos equipamentos e materiais deve ser planejada para uma utilização maximizada com critérios de dificuldade, variação, empenho motor e, também, aspectos cognitivos estarem presentes;
— a escolha dos exercícios para a consecução dos objetivos da aula pode seguir vários critérios, mas estes devem ser — no mínimo — interessantes, motivadores e ricos de exigências motoras;
— a instrução de organização aos alunos deve ser positiva, com comunicações claras, urbanas e polidas por parte do professor.

Um grave erro da maioria dos professores é não planejar esta dimensão, o que no final causa sérios prejuízos para outras ações das intervenções bem planejadas e com objetivos muito "bonitos".

O não planejamento dos deslocamentos, das formas de trabalho, do uso e escolha do material, além do não repensar outras formas de gerência do tempo de manejo, compromete o restante das boas intenções do professor, na sua aula de educação física.

Referências bibliográficas

ALLPORT, GORDON W. (1969) — *Personalidade.* Editora Herder, São Paulo.

AUSUBEL, DAVID P.; NOVAK, J. D. & HANESIAN, H. (1980) — *Psicologia Educacional.* Rio de Janeiro, Interamericana.

BARNLUND, DEAN C. (1980) — Um Modelo Transacional de Comunicação. *In* C. D. MORTENSEN (org.) *Teoria da Comunicação. Textos básicos.* Editora Mosaico, São Paulo, pág. 60-71.

BERKOWITZ, LEONARD (1980) — *Psicologia Social.* Editora Interamericana, Rio de Janeiro.

BIRZEA, CÉSAR (1984) — *A Pedagogia do Sucesso.* Livros Horizontes, Lisboa.

BLOOM, BENJAMIN S.; KRATHWOHL, DAVID R. & MASIA BERTRAM B. (1979) — *Taxionomia de Objetivos Educacionais. Domínio Afetivo.* Editora Globo, Porto Alegre.

BLOOM, BENJAMIN S. (1981) — *Características Humanas e Aprendizagem Escolar.* Editora Globo, Porto Alegre.

BRUNELLE, JEAN; SPALLANZANI, CARLO; LORD, MADELEINE & PETIOT, BERNARD (1983) — Analyse du Climat Pédagogique par le Biais des Réactions de Éducateurs Physiques en Situation d'Enseignement. *Revues de l'ACSEPR*, 3, 15-18.

BRUSTAD, ROBERT J. (1988) — Affective Outcomes in Competitive Youth Sport: The Influence of Intrapersonal and Socialization Factors. *Journal of Sport & Exercise Psychology*, 10, 307-321.

BÜHLER, CHARLOTTE (1980) — *A Psicologia na Vida do nosso Tempo.* Fundação Calouste Gulbenkian, Lisboa.

CAMPOS, DINAH M. DE S. (1986) — *Psicologia da Aprendizagem.* Vozes, Petrópolis.

CARLIER, GHISLAIN; NIJSKENS, FRANS & SOLEIL, PHILIPE (1985) — Spécificité du Micro-Enseignement dans l'Apprentissage des Comportements d'Enseignement. *Revue de l'Education Physique*, vol. XXV, 1, 3, 31-35.

CARREIRO DA COSTA, FRANCISCO A. (1988) — *O sucesso pedagógico em educação física. Estudo das condições e factores de ensino-aprendizagem associados ao êxito numa unidade de ensino.* Dissertação de doutoramento, não publicada. Universidade Técnica de Lisboa, ISEF.

CARREIRO DA COSTA, FRANSCISCO A. A. & PIÉRON, MAURICE. (1990) — Comparison de Deux Enseignats Classes selon les Progrès de leurs Élèves. *Revue de l'Education Physique*, vol. 30, 2, 57-63.

CHEFFERS, J. & MANCINI, V. (1978). Teacher-Student Interaction. *In* W. ANDERSON, & G. BARRETTE (orgs.), *What's Going on in Gym: Descriptive Studies of Physical Education Classes.* Monograph 1, Motor Skills: Theory into Practice, 39-50.

CLAXTON, DAVID B. (1988) — A Systematic Observation of More and Less Successful High School Tennis Coaches. *Journal of Teaching in Physical Education*, 7, 302-310.

CLOES, MARC & PIÉRON, MAURICE (1989) — Identification des Comportements Enthousiastes de l'Enseignant perçus par des Élèves lors de Seances d'Éducation Physique. *Revue de l'Education Physique*, vol. 29, 1, 7-16.

COLLETTE, ALBERT (1978) — *Introdução à Psicologia Dinâmica*. Companhia Editora Nacional, São Paulo.

DARST, PAUL W.; MANCINI, VICTOR H. & ZAKRAJSEK, DOROTHY B. (1983). — *Systematic Observation Instrumentation for Physical Education*. Leisure Press, Nova York.

DAVIDOFF, LINDA L. (1983) —*Introdução à Psicologia*. São Paulo, McGraw-Hill.

DE LANDSHEERE, VIVIANE & DE LANDSHEERE, GILBERT (1983) — *Definir os Objectivos da Educação*. Moraes Editores, Lisboa, (4ª edição).

DELAMONT, SARA (1985) — *Os Papéis Sexuais e a Escola*. Livros Horizonte, Lisboa.

DELAMONT, SARA (1987) — *Interação na Sala de Aula*. Livros Horizonte, Lisboa.

DELENS, C.; RENARD, JEAN. P.; SWALUS, PIERRE (1987) — Étude des Liens entre la Satisfaction des Élèves et Differents Paramètres Observés. *Revue de l'Education Physique*, vol. 29, 1, 7-16.

DEVLIN, GRETCHEN L.; MANCINI VICTOR H. & FRYE PATRICIA A. (1981) — Teaching Contingency Management Skills to Disruptive Elementary Students: Effects on Student Self-Concept and Physical Educators' Behaviors. *Journal of Teaching in Physical Education*, Fall, 47-58.

D'HAINAUT, LOUIS (1980) — *Educação dos Fins aos Objectivos*. Livraria Almedina, Coimbra.

DIETRICH, GEORG & WALTER, HELLMUTH (1978). *Vocabulário Fundamental de Psicologia*. Edições 70, Lisboa.

DODDS, PATT (1979) — A Peer Assessment Model for Student Teacher Supervision. *Research Quartely*, vol. 50, 1, 18-20.

DUCK, STEVE (1986) — *Human Relationships*. Sage Publications Ltd., Califórnia.

DUNBAR, RAYMOND R. & O'SULLIVAN, MARY M. (1986) — Effects of Intervention on Differential Treatment of Boys and Girls in Elementary Physical Education Lessons. *Journal of Teaching in Physical Education*, 5, 166-175.

ELDAR, EITAN; SIEDENTOP, DARYL & JONES, DIANA L. (1989) — The Seven Elementary Specialists. *Journal of Teaching in Physical Education*, 8, 189-197.

ESTRELA, MARIA T. (1986) — *Une Étude sur l'Indiscipline en Classe.* Instituto Nacional de Investigação Científica, Lisboa.

FELTZ, DEBORAH L. & LANDERS, DANIEL M. (1979) — Informational-Motivational Components of a Model's Demonstration. *The Research Quartely*, vol. 48, 3, 525-533.

FERNANDES, EVARISTO (1990a) — *Psicopedagogia e Psicanálise da Educação.* Editora Estante, Aveiro (Portugal).

FERNANDES, EVARISTO (1990b) — *O Aluno e o Professor na Escola Moderna.* Editora Estante, Aveiro (Portugal).

FESHBACH, NORMA D.; FESCHBACH, SEYMOUR (1987) — Affective Process and Academic Achievement. *Child Development*, 58, 1335-1347.

FINK, JANET & SIEDENTOP, DARYL (1989) — The Development of Routines, Rules, and Expectations at the Star of the School Year. *Journal of Teaching in Physical Education*, 8, 198-212.

FLANDERS, N. A. (1970) — *Analysing Teaching Behavior.* Reading, Massachussetts: Addison-Wesley Publishing Company, 1970.

FLORENCE, JACQUES (1985) — Analyse Qualitative de la Presentation et du Lancement des Tàches d'EP. *Revue de l'Education Physique*, vol. XXV, 1, 3, 11-13.

GALLOWAY, CHARLES (1981) — *Psicologia da Aprendizagem e do Ensino.* Editora Cultrix, São Paulo.

GIBB, JACK R. (1980) — Comunicação defensiva. *In* C. D. MORTENSEN (org.) *Teoria da Comunicação. Textos básicos.* Editora Mosaico, São Paulo, 225-233.

GOC-KARP, GRACE & ZAKRAJSEK, DOROTHY B. (1987) — Planning for Learning — Theory Into Practice? *Journal of Teaching in Physical Education*, 6, 377-392.

GOOD, THOMAS L. & BROPHY, JERE E. (1986) — School Effects. *In* M. WITTROCK (org.) *Handbook of Research on Teaching.* Macmillan Publishing Company, Nova York, 570-601.

GRAHAM, GEORGE; SOARES, PATRICIA & HARRINGTON, WILMA (1983) — Experienced Teachers' Effectiveness with Intact Classes: An ETU Study. *Journal of Teaching in Physical Education*, Winter, 3-14.

HALL, HOWARD K.; WEINBERG, ROBERT S. & JACKSON, ALLEN (1987) — Effects of Goals Specificity, Goal Difficulty, and Information Feedback on Endurance Performance. *Journal of Sport Psychology*, V, 43-54.

HARDY, CHARLES J. & REJESKI, W. JACK (1989) — Not What, But How One Feels: The Measurement of Affect During Exercise. *Journal of Sport & Exercise Psychology*, 11, 403-317.

HENERSON, MARLENE E.; MORRIS, LYNN L. & FILZ-GIBBON, CAROL T. (1987) — *How to Measure Attitudes.* SAGE Pub., Califórnia.

HURLOCK, ELIZABETH B. (1979) — *Desenvolvimento do Adolescente.* São Paulo, Editora McGraw-Hill.

IPFLING, HEINZ-JURGEN (1979) — *Vocabulário Fundamental de Pedagogia*. Edições 70, Lisboa.

KNAPP, BARBARA (1981) — *La Habilidad en el Deporte*. Editorial Miñon, Valladolid (Espanha).

LUCK, HELOISA e CARNEIRO, DOROTHY G. (1983) — *Desenvolvimento Afetivo na Escola: Promoção, Medida e Avaliação*. Editora Vozes, Petrópolis.

LURÇAT, LILIANE (1978) — *Insucesso e Desinteresse na Escola Primária*. Editorial Notícias, Lisboa.

MAGILL, RICHARD A. (1984) — *Aprendizagem Motora: Conceitos e Aplicações*. Editora Edgar Blücher. São Paulo.

MAGILL, RICHARD A. & WOOD CAROL A. (1986) — Knowledge of Results as a Learning Variable in Motor Skill Acquisition. *Research Quartely*, Vol 37, 2, 170-173.

MARKLAND, REGINA & MARTINEK, THOMAS J. (1988) — Descriptive Analysis of Coach Augmented Feedback Given to High School Varsity Female Volleyball Players. *Journal of Teaching in Physical Education*, 7, 289-301.

MARQUES, JURACY C. (1977) — *Ensinar não é Transmitir*. Editora Globo, Porto Alegre.

MARQUES, JURACY C. (1979) — *Compreensão do Comportamento*. Editora Globo, Porto Alegre.

MARTINEK, THOMAS J.; CROWE, PATRICIAN B. & REJESKI, WALTER J. (1982) — *Pygmalion in the Gym: Causes and Effects of Expectations in Teaching and Coaching*. Leisure Press, West Point, Nova York.

MARTINEK, THOMAS J. & KARPER, WILLIAM B. (1984) — Multivariate Relationships of Specific Impression Cues with Teacher Expectations and Dyadic Interations in Elementary Physical Education Classes. *Research Quartely for Exercise and Sport*, vol. 55, 1, 32-40.

MASLOW, ABRAHAM H. (1987) — *Motivation and Personality*. Harper & Row, Nova York.

MCAULEY, EDWARD & DUNCAN, TERRY E. (1989) — Causal Attributions and Affective Reactions to Disconfirming Outcomes in Motor Performance. *Journal of Sport & Exercise Psychology*, 11, 187-200.

MCAULEY, EDWARD; RUSSELL, DAN & GROSS, JOHN B. (1983) — Affective Consequences of Winning and Losing: An Attritutional Analysis. *Journal of Sport Psychology*, 5, 278-287.

MCBRIDE, RON E. (1984) — An Intensive Study of a Systematic Teacher Training Model in Physical Education. *Journal of Teaching in Physical Education*, 4, 3-16.

MCBRIDE, RON E. (1990) — Sex-Role Stereotyping Behaviors Among Elementary, Junior, and Senior High School Physical Education Specialists. *Journal of Teaching in Physical Education*, 9, 249-261.

McCaughan, Lindsay; McKinlay, Sue (1981) — Effects of Sucess /Failure and Extrinsic Rewards on Intrinsic Motivation Using a Competitive Motor Task. *Research Quarterly for Exercise and Sport*, vol. 52, 2, 208-215.

McCaughan, Lindsay R. & Gimbert, Belinda (1981) — Social Reiforcement as a Determinant of Performance, Performance Expectancy, and Attributions. *Journal of Motor Behavior*, vol. 13, 2, 91-101.

Mehrens, William A. & Lehmann, Irvin J. (1978) — *Testes Padronizados em Educação*. E.P.U., São Paulo.

Merrett, Frank & Wheldall, Kevin (1990) — *Positive Teaching in the Primary School*. Paul Chapman Publishing, Londres.

Morse, William C. & Wingo G. Max (1978) — *Psicologia e Ensino*. Livraria Pioneira Editora, São Paulo.

Mortensen, C. David (1980) — *Teoria da Comunicação. Textos básicos*. Editora Mosaico, São Paulo.

Mosquera, Juan, J. M. (1974). *Psicologia Social do Ensino*. Livraria Sulina Editora, Porto Alegre.

________ (1978). *O Professor como Pessoa*. Livraria Sulina Editora, Porto Alegre.

Mosston, Muska & Ashworth, Sara (1986) — *Teaching Physical Education*. Merril Pub. Comp.

Mussen, Paul, H.; Conger, John J. & Kagan Jerome (1977) — *Desenvolvimento e Personalidade da Criança*. Editora Harper & Row do Brasil Ltda., São Paulo.

Nickel, Horst (1981) — *Psicología de la Conducta del Professor*. Editorial Herder, Barcelona.

Petty, Richard E. & Cacioppo, John T. (1981) — *Attitudes and Persuasion*: Classic and Contemporary Approaches. Wm. C. Brown Company Publishers, Iowa.

Pfromm Netto, Samuel (1987) — *Psicologia da Aprendizagem e do Ensino*. Editora Pedagógica e Universitária/EDUSP, São Paulo.

Piéron, Maurice (1983) — Teacher and Pupil Behavior and the Interaction Process in P. E. Classes. *In* R. Telama, V. Varstala, J. Tiainen, L. Laakso & T. Haajanen (orgs.), *Research in School Physical Education. The Foundation for Promotion of Physical Culture and Health*, AIESEP, Jyvaskyla (Finlândia), 13-30.

Piéron, Maurice (1988) — *Didactica de las Actividades Fisicas y Deportivas*. Gymnos Editorial, Madri.

Piéron, Maurice & Cheffers, John (1988) — *Research in Sport Pedagogy*. Verlag Karl Hofmann, Schorndorf (Alemanha).

Pikunas, Justin (1981) — *Desenvolvimento Humano*. Editora McGraw do Brasil, São Paulo.

POSTIC, MARCEL (1979) — *Observação e Formação de Professores*. Livraria Almedina, Coimbra.

RENARD, JEAN P. & DELENS, C. (1991) — *Typologie du Comportament des Élèves en Classe d'Éducation Physique a l'École Primaire*. Papers present *in* AIESEP/NPERD, Atlanta, Georgia.

ROBINSON, TIMOTHY T. & CARRON, ALBERT V. (1982) — Personal and Situational Factors Associated with Droping Out versus Maintaining Participation in Competitive Sport. *Journal of Sport Psychology*, 4. 364-3.

ROLIDER, AHMOS.; COOPER, JOHN. & VAN HOUTEN, RON (1984) — Effects of Modeling, Instruction, and Grade Incentives on Supportive Verbalizations Among Peer in a College Physical Education Class. *Journal of Teaching in Physical Education*. Spring, 44-50.

ROLIDER, AHMOS.; SIEDENTOP, DARYL. & VAN HOUTEN, RON (1984) — Effects of Enthusiasm Training of Subsequent Teacher Enthusiastic Behavior. *Journal of Teaching in Physical Education*, Winter, 47-59.

SANTOS, MARIA E. V. MONIZ DOS (1991) — *Mudança conceptual na sala de aula. Um desafio pedagógico*. Livros Horizonte, Lisboa.

SCANLAN, TARA, K., & LEWTHWAITE, REBECCA (1986) — Social Psychological Aspects of Competition for Male Youth Sport Participants: IV. Predictors of Enjoyment. *Journal of Sport Psychology*, 8, 25-35.

SHIGUNOV, VIKTOR (1990) — *A Study of Affect in the Physical Education Class*. IXth Internacional Students' Scientific Conference, 11-12 May, Budapest.

SHIGUNOV, VIKTOR (1991) — *A relação pedagógica em educação física. Influência dos comportamentos de afetividade e instrução dos professores no grau de satisfação dos alunos*. Dissertação de doutoramento, não publicada. Universidade Técnica de Lisboa, Faculdade de Motricidade Humana.

SIEDENTOP, DARYL (1983) — *Development Teaching Skills in Physical Education*. Palo Alto: Mayfield Pub. Co.

SINGER, ROBERT N. (1985) — *Motor Learning and Human Performance*. The Macmillan Company, Nova York.

SMOLL, FRANK L.; SMITH, RONALD E.; CURTIS, BILL & HUNT, ERAL (1978) — Toward a Mediational Model of Coach-Player Relationship. *Research Quarterly*, 49, 528-541.

SOAR, ROBERT S. & SOAR RUTH M. (1979) — Emotional Climate and Management. *In Research on Teacher Concepts, Findings and Explications*. PETERSON P., WALBERG, H. (orgs.) McCutehan, Califórnia.

SPACKMAN, LYNNE (1986) — The Systematic Observation of Teacher Behavior in Physical Education. *Physical Education Review*, vol. 9, 2, 118-134.

SPRINTHALL, NORMAN A. & SPRINTHALL, RICHARD, C. (1987) — *Educational Psychology*. Random House, Nova York.

TWA, H. (1979) — *A Comparison of Male and Female Physical Education Teachers Verbal and Non Verbal Interaction at the Elementary School Level.* Tese de doutoramento não publicada, University of Oregon.

TWARDY, BERNADETTE M. & YERG, BEVERLY J. (1987) — The Impact of Planning on Inclass Interactive Behaviors of Preservice Teachers. *Journal of Teaching in Physical Education*, 6, 136-148.

UNDERWOOD, GORDON L. (1988) — *Teaching and Learning in Physical Education.* The Palmer Press, (Inglaterra).

VALENTE, BARTOLOMEU (1988) — *Por uma Escola-Projecto.* Livros Horizonte, Lisboa.

VALENTE, BARTOLOMEU (1990) — *Educador ou Professor?* Livros Horizonte, Lisboa.

VALLERAND, ROBERT J. (1983) — Effect of Differential Amounts of Positive Verbal Feedback on the Intrinsic Motivation of Male Hockey Players. *Journal of Sport Psychology*, 5, 100-107.

VALLERAND, ROBERT J. (1987) — Antecedents of Self-Related Affects in Sport: Preliminary Evidence on the Intuitive-Reflective Appraisal Model. *Journal of Sport Psychology*, 9, 161-182.

ZIMBARDO, PHILIP G.; EBBESEN, EBBE B. & MASLACH, CHRISTINA (1977) — *Influencing Attitudes and Chancing Behavior.* Addison-Wesley Publishing Company, Inc., Califórnia.

WALBERG, HERBERT J. (1986) — Syntheses of Research on Teaching. *In* M. Wittrock, *Handbook of Research on Teaching*. Macmillan Pub. Comp., Nova York, 214-229.

WEINBERG, ROBERT S. & RAGAN, JOHN (1979) — Effects of Competition, Success/Failure, and Sex on Intrinsic Motivation. *Research Quartely*, vol. 50, 3, 503-510.

WEINBERG, ROBERT S.; BRUYA, LAWRENCE; GARLAND, HOWARD & JACKSON, ALLEN (1990) — Effect of Goal Difficulty and Positive Reiforcement on Endurance. *Journal of Sport & Exercise Psychology*, 12, 144-156.

WEINER, BERNARD (1979) — A Theory of Motivation for Some Classroom Experiences. *Journal of Education Psychology*, 71, 1, 3-35.

WEINER, BERNARD (1986) — *An Attributional Theory of Motivation and Emotion.* Springer-Verlag, Nova York.

WEISS, MAUREEN R. & FRIEDRICHS, WARREN D. (1986) — The Influence of Leader Behaviors, Coach Attributes, and Institutional Variables on Performance and Satisfaction of Collegiate Basketball Teams. *Journal of Sport Psychology*, 8, 332-346.

WESCOTT, WAYNE L. (1980) — Effects of Teacher Modeling on Children's Peer Encouragement Behavior. *Research Quartely for Exercise and Sport*, vol. 51, 3, 585-587.

YERG, BEVERLY J. (1981) — Reflections on the Use of the RTE Model in Physical Education. *Research Quartely for Exercise and Sport*, vol. 52, 1, 38-47.

PARTE II

Abordagem específica

CAPÍTULO IV

O DESPORTO COLETIVO NA ESCOLA

1. Introdução

> "O conhecimento e a prática do desporto constituem actos de cultura desportiva — tal como a cultura física — e representam domínios da cultura material e espiritual universal. Ao mesmo tempo, o desporto constitui um excelente meio da educação geral e multilateral característica do mundo contemporâneo."
>
> TEODORESCU, 1984, pág. 15.

Os desportos coletivos provêm, na sua maior parte, de jogos que, desde a sua origem, há alguns milênios antes da nossa era e sob formas rudimentares, têm sido praticados pelas crianças e pelos jovens dos diferentes povos dos diferentes continentes. Neste longo percurso, evoluíram, recebendo um caráter desportivo de competição, limitada por determinados regulamentos (Teodorescu, 1984).

A partir da entrada na escola, os desportos coletivos poderão desempenhar um papel fundamental no desenvolvimento corporal e social da criança, desde que se relacionem com os fatores gerais da educação, numa exploração organizada e lúdica, direcionada para os objetivos multidisciplinares, característicos do processo ensino-aprendizagem atualmente proposto e visando ao desenvolvimento das potencialidades, bem como à integração na vida em sociedade.

Considerando as primeiras séries de escolaridade como ponto de partida para a prática dos jogos desportivos coletivos, Paschen (1974) salienta o período entre os seis e os onze anos de idade como fundamental para a sua iniciação. Neste sentido, afirma que a iniciação é favorecida pelo uso da bola, muito mais do que por outros fatores ou motivações, pois trata-se do implemento material preferido pelas crianças já desde os estágios iniciais de idade.

Para Bayer (1979), o uso da bola leva a criança a satisfazer o seu desejo de movimento e constitui, igualmente, um fator de troca e de favorecimento do desenvolvimento das qualidades físicas bem como o estabelecimento das relações com os outros.

Listello, Clerc e Crenn (1968) referem que, na escola, o jogo desportivo coletivo deve ser iniciado como um todo indissociável que se aprende jogando, associado aos seus próprios meios e evoluindo no sentido funcional. Na infância, ele deverá proporcionar a aquisição global das noções estruturais, bem como a particularidade dos seus gestos fundamentais.

Gonçalves (1988) afirma que entre os sete e os doze ou treze anos a criança prepara a sua integração na sociedade adulta a partir do jogo. A característica formativo-relacional, resultante de uma prática coletiva, organizada e lúdica, poderá proporcionar um tipo de relação que será determinante da formação da personalidade.

Araújo (1983) salienta que, em tais idades e durante o período de iniciação, o desporto coletivo surge sem distinção de sexo e como meio excelente para imitar o adulto e responder às necessidades de expansão motora, contribuindo para a harmonização das variadas formas de movimento e para o início de uma relação sócio-motora.

Na realidade da criança, o jogo faz intervir aspectos motores e sócio-motores, dos quais emerge a técnica gestual bem como o gradual desenvolvimento das capacidades condicionais dependentes da intensidade e do tipo das atividades envolvidas. O grau de eficiência é ainda influenciado pelos níveis afetivo, cognitivo e psicomotor, que fazem parte da ação (Harrow, 1983).

Ulrich (1987) encontrou dados significativos relativos ao desenvolvimento motor e sócio-motor de crianças praticantes de desportos coletivos na escola e resultante de uma comparação realizada entre crianças que participaram num programa com atividades normais de educação física e grupos de controle sem qualquer prática programada.

A coordenação e a motivação regulam a participação plena da criança nos jogos coletivos. Caberá, portanto, ao professor estabelecer uma progressão pedagógica que compatibilize a dinâmica das atividades com os objetivos a curto e a longo prazo, garantindo assim o desenvolvimento corporal individual e sócio-motor (Oberteuffer e Ulrich, 1977).

Relativamente à metodologia e aos procedimentos didáticopedagógicos para utilizar a partir da iniciação e até ao jogo propriamente dito, Mérand (1977), Singer e Dick (1980) e Bayer e Mauvoisin (1983) dizem ser necessário partir de uma linha progressiva de elementos, sem a definição específica de um qualquer desporto, de vários dentro de uma globalidade de ações, a fim de permitir ao indivíduo uma evolução gradual de aquisições até a definição dos fundamentos estruturais mais específicos.

Estes mesmos autores sugerem, inicialmente, atividades gerais gímnicas e desportivas, que deverão evoluir para os jogos pré-desportivos, proporcionando assim o aparecimento dos fundamentos dos desportos e, finalmente, o jogo propriamente dito, com as suas regras elementares.

Nesta perspectiva e de acordo com Dietrich, Dürrwachter e Schaller (1984), a abordagem ao jogo desportivo coletivo por meio de um conceito "recreativo" levará a criança em idade escolar a familiarizar-se com uma idéia simplificada do jogo, cujas regras se podem alterar com a utilização dos seus fundamentos parciais e a partir de uma dinâmica lúdica e motivadora. Esta dinâmica resultará da utilização de jogos pré-desportivos semelhantes ao desporto formal, tais como o futebol, o handebol, o basquetebol e o voleibol.

Para Béquer, Gonzáles e Plous (1988, pág. 12) "...os jogos pré-desportivos são os que expressam uma iniciação para os desportos, introduzindo-se neles os fundamentos das diversas disciplinas desportivas. Pode dizer-se que são jogos de transição entre etapas do desenvolvimento da maturidade da criança".

As diversas opiniões referentes ao desenvolvimento do desporto coletivo na escola convergem para um período que consideram propício à sua iniciação (entre os 6-7 e os 10-11 anos), cujas linhas gerais utilizam sobretudo formas reduzidas do desporto formal adequadas à maturação infantil. Destacam, igualmente, formas lúdicas que poderão estimular a participação e a aprendizagem motora e gestual, juntamente com a relação sócio-motora.

Um desenvolvimento atento do desporto coletivo pressupõe, assim, uma cuidadosa escolha dos componentes fundamentais que orientam o seu planejamento, inseridos nos objetivos definidos para a disciplina de educação física.

2. Os componentes fundamentais

Singer e Dick (1980) afirmaram que o desenvolvimento de qualquer desporto coletivo na escola implica necessariamente o conhecimento dos seus componentes fundamentais conducentes ao ato desportivo, dos quais se destacam:

— o gesto motor;
— a colaboração e a cooperação;
— a motivação.

Para que o desporto na escola constitua um meio para a educação do movimento e para a integração social das crianças, é necessário que seja dirigido ao conjunto ou à classe, naturalmente heterogênea, exigindo assim cuidados especiais e particulares para além de uma globalização das atividades.

Neste nível escolar os aspectos motores, psicomotores e sócio-motores já mencionados pressupõem o estabelecimento de atribuições para o desenvolvimento do desporto que visem satisfazer às necessidades básicas correspondentes a um natural e gradual desenvolvimento ou maturação e que, a partir de atividades motivantes, proporcionem a aprendizagem do gesto motor e a criação de situações de cooperação. Pressupõe ainda que, no futuro, este tipo de atividades tenha reflexo na vida extra-escolar, incluídas no cotidiano do indivíduo que lhe permita manter-se permanentemente equilibrado, organizado, ativo e dinâmico.

Sem tais objetivos, as atividades escolares e sobretudo as atividades de educação física não teriam razão de existir.

Coelho (1989, pág. 84) criticou a atual preocupação que a escola e o clube têm em tentar suprir a crise desportiva por intermédio de um sistema que visa unicamente a "...aumentar o número de praticantes, começar mais cedo, descobrir talentos".

Na escola, toda proposta educativa deve ser elaborada a partir da formulação dos objetivos conducentes à obtenção de resultados benéficos que só serão atingidos se for inicialmente considerada a capacidade da criança. Todas as crianças (as tímidas, as hipercinéticas, as com talento e as moderadas) devem estar envolvidas na aprendizagem, exigindo necessariamente flexibilidade nos procedimentos didático-pedagógicos para a iniciação desportiva e aproveitando as reações espontâneas e intensas, características naturais de toda criança normal (Diem, 1977; Coelho, 1989).

Segundo Singer e Dick (1980), o desporto escolar primário necessita fazer despertar na criança a alegria de viver, bem como formas de comunicação com seus pares e a descoberta da sua identidade pessoal, aproveitando racionalmente estas características.

Os componentes estruturais do desporto coletivo caracterizam-se por uma progressividade que a todo momento está aliada à motivação: dos gestos motores fundamentais às situações de cooperação e de colaboração.

Estes componentes atuarão em conjunto durante o desenvolvimento do desporto coletivo, embora num primeiro momento prevaleça o egocentrismo, que gradualmente dará lugar a uma situação cada vez mais coletiva, mais para o final do período escolar primário e até por volta dos 12 anos de idade (Bayer, 1974, 1979).

Assim sendo, este tipo de atuação deverá seguir uma filosofia direcionada para uma educação que utilize o movimento e, eventualmente, os jogos desportivos coletivos a partir da sua iniciação.

2.1 Gesto motor

No desporto coletivo, o ato educativo deverá considerar inicialmente todos os gestos fundamentais de cada modalidade, a partir dos quais atingirão a técnica dos diversos fundamentos que a compõe (Meinel, 1984).

O desenvolvimento do gesto fundamental, bem como a sua aprendizagem, exige, segundo a opinião de Flinchum (1981) e Harrow (1983), uma atitude pedagógica cuidada, conducente à eliminação dos excessos cinéticos que o tornará coordenado e eficiente e que se obtém a partir de execuções simples e diversificadas que evoluem para as mais complexas e objetivas.

Assim sendo, o gesto fundamental deverá ser:

— componente de ligação entre os intervenientes;
— forma de obter pontos no jogo;
— posicionamento na dinâmica opositora.

O conhecimento da utilidade dos gestos específicos para estabelecer a ligação com os outros, para obter pontos e para uma oposição leal exige que cada jogador conheça as suas possibilidades, relacionando-as com as do grupo.

Um estudo realizado por Müller, Gullung e Bocci (1988) que envolve a generalidade da atuação da criança e do adolescente na escola revela a existência de uma correlação positiva entre esta prática e a formação do conceito de si, particularmente o adquirido durante a participação em atividades físicas coletivas, dimensionadas e organizadas segundo padrões específicos.

No processo ensino-aprendizagem dos jogos desportivos coletivos, o gesto fundamental caracteriza-se inicialmente como atitude individual, muito embora já evidencie alguma ligação com as outras crianças. Há assim necessidade de o fortalecer, desenvolvendo a sua eficiência, a partir da qual se estabelecerá uma relação mais coordenada com os elementos do grupo (Bayer, 1979; Theodorescu, 1984).

Flourens e Vinel (1982) propõem, neste contexto, objetivos específicos conducentes ao desenvolvimento dos jogos desportivos coletivos e que envolvem a postura e a gestualidade, tais como:

— o domínio do corpo;
— o domínio dos deslocamentos;
— o domínio de um engenho (material);
— o domínio da oposição.

Como exemplo de proposta pedagógica para este desenvolvimento coletivo, estes autores indicam os seguintes procedimentos:

— aprender a lançar e a receber corretamente uma bola (parado ou em deslocamento);
— conhecer a finalização (atirar na direção da meta ou gol);
— fazer progredir a bola (driblando);
— organizar-se na equipe.

Em cada execução, o gesto está delimitado em um tempo, em um espaço e em uma tipologia que o tornará tanto mais eficiente quanto mais estiverem estruturados o esquema corporal, a coordenação dinâmica geral e as capacidades condicionais (Mitra e Mogos, 1982; Corbin, 1980; Brau-Antony, 1989).

A partir de uma estrutura mais evoluída da motricidade individual (por volta dos 8-9 anos), na qual o gesto desportivo, apesar de elementar, já é executado com um certo domínio do material (bola), a aprendizagem ativa dos jogos desportivos coletivos evoluirá para uma nova fase em que continua a fundamentação individual do domínio dos gestos, para em seguida os utilizar numa relação interindividual e coletiva, com uma atitude crescente de cooperação e colaboração.

2.2 Cooperação e colaboração

Para uma crescente progressividade pedagógica dos programas das atividades, a cooperação e a colaboração constituem elementos fundamentais. Estas atitudes, situadas na segunda fase do desenvolvimento dos componentes fundamentais do desporto coletivo, caracterizam o próprio desenvolvimento dos jogos (os jogos pré-desportivos e o jogo orientado). Elas estão na base da relação interindividual, fundamental para o estabelecimento das múltiplas ligações e oposições durante o jogo.

Segundo Bayer (1979), a prática em grupo desenvolvida por intermédio dos métodos ativos estimula a aquisição de iniciativas de conjunto, a imaginação e a adaptação. "As solicitações do jogo em conjunto tanto favorecem a melhoria da atuação individual quanto a cooperação e a colaboração" (pág. 49).

Ainda, o mesmo autor refere que durante o processo de aprendizagem a criança não necessita de uma ação gestual perfeita para estabelecer a sua relação com os outros. A excessiva mecanização seria prejudicial a um relacionamento criativo que deverá ser suportado por uma noção de execução adequada à "necessidade de cada momento". Esta mecanização opõe-se à organização de uma totalidade coletiva e que para o autor significa o grupo como um todo que tenta resolver os problemas necessários para vencer os oponentes, quer a partir da habilidade, como da movimentação e do tipo de relação.

Smith (1986) salienta que este conjunto de ações favorece ainda a formação do próprio conceito de ação, criador de uma maior estabilidade entre os intervenientes durante a tarefa, que facilitará a resolução conjunta dos problemas que surgem nas várias situações durante o processo de aprendizagem desportivo-motora.

Mariot e Rongeout (1989) referem que, na fase inicial dos jogos desportivos coletivos, os objetivos principais deverão visar: melhoria da socialização e desenvolvimento do aspecto sócio-motor, a partir da cooperação. Cooperação que, uma vez conseguida pelo grupo, permitirá uma mais rápida evolução da capacidade de "ação no conjunto" e "do conjunto".

Segundo Mérand (1977) e Teodorescu (1984), a cooperação e a colaboração intimamente ligadas proporcionarão o desenvolvimento das atividades desportivas coletivas, formais ou recreativas, e conseqüentemente o sucesso no jogo, ao mesmo tempo em que desenvolvem a psicomotricidade, pela constante solicitação do movimento referido, pela necessidade individual de o melhorar e também para estabelecer uma eficiente relação com os outros.

Para além dos componentes já abordados, a dinâmica da aprendizagem dos jogos coletivos na escola exige um outro, que deve estar sempre presente em todas as atividades e que constitui um motor da participação da criança: a motivação.

2.3 Motivação

Para o desenvolvimento do desporto coletivo na escola a motivação é fundamental, pois influenciará significativamente no estabelecimento da comunicação entre as crianças. Ela será o estímulo para que os gestos fundamentais sejam cada vez melhor estruturados.

Este estímulo motivador provém de várias fontes:

— da apresentação da atividade;
— da visualização do modelo gestual;
— da percepção e da comparação dos seus próprios gestos com o modelo (*feedback*);
— da movimentação diversificada e atraente pelo aspecto lúdico;
— da facilitação do gesto apresentado numa seqüência lógica (dos mais simples aos mais complexos).

As estratégias planejadas para os procedimentos pedagógicos necessários à abordagem de uma situação deverão, segundo Todt (1982), apoiar-se neste tipo de estímulos para atrair a participação.

Para o professor, evidenciar as razões poderá constituir um instrumento para alcançar os objetivos da aprendizagem, razões estas que, para os alunos, poderão ser estimuladoras da prestação. Para aquele autor, as boas relações afetivas entre o professor e os alunos constituem uma das condições básicas capaz de possibilitar uma participação ampla e produtiva.

Tanto nas atividades predominantemente cognitivas como nas psicomotoras, num espaço pedagógico essencialmente prático, a probabilidade de êxito (50%) representa uma situação ótima de estímulo, pois produz uma esperança de sucesso. Para além desta probabilidade, os incentivos originados pela própria expectativa, bem como pela observação dos outros, constituem igualmente uma importante fonte motivadora (Todt, 1982).

A confiança para atuar no desporto coletivo e baseada no conhecimento das suas próprias potencialidades é gerada, segundo Mosquera e Stobaüs (1984), em conseqüência do inter-relacionamento da maturação dos aspectos biológicos, sociológicos, psicológicos e do sucesso, influenciando positivamente o equilíbrio das atitudes e a formação da personalidade. Assim sendo, a integração física e a interação ambiental fazem com que o comportamento adquira sentido e forma e, em conseqüência, a vontade de atingir um ponto futuro, que a própria criança julga poder alcançar.

A motivação, fazendo parte da orientação pedagógica como meio estimulante da participação e da aquisição, torna-se verdadeiramente um componente fundamental do desenvolvimento do desporto coletivo, pelo que o professor deverá considerar os seguintes aspectos:

— A segurança do indivíduo, relativamente ao seu comportamento e ao seu estado psicológico;
— o estímulo verbal;
— a atenção que se lhe possa dedicar;
— a orientação, seguida de *feedback* oportuno;
— a organização de tarefas com um desafio possível de ser alcançado.

Tais aspectos, segundo Mosquera e Stobaüs (1984), poderão ao mesmo tempo proporcionar as condições necessárias a um bom desenvolvimento das atividades e afastar as frustrações produzidas por algumas inadequações. E acrescentam que uma base desportivo-motora vivida com sucesso, a partir dos primeiros anos de escolaridade, poderá assegurar ao homem adulto o equilíbrio emocional necessário a todas as suas atividades profissionais ou de lazer, pela repercussão que causa na estrutura do seu estado psíquico, levando-o a uma prática desportiva permanente.

No âmbito da educação psicomotora e do desporto na escola, a motivação é, para Le Boulch (1978), a ajuda que é dada à criança para adquirir uma imagem operativa do corpo, antecipadora, e que lhe permitirá gerir a sua própria motricidade.

Neste sentido, também Siegel (1985), numa pesquisa realizada para analisar os mecanismos da antecipação, confirma a utilidade da motivação considerando o *feedback* um mecanismo preciso e correto quando aplicado de acordo com a necessidade. Este tipo de informação é portanto uma motivação, ao mesmo tempo que um fator de correção.

Para este autor, ela constituirá um apoio imprescindível que gradualmente proporcionará a independência e a percepção das próprias potencialidades, dando origem a um tipo de ação que estimula a vontade e, em conseqüência, o progresso da prestação.

Na fase de iniciação, para além do conhecimento dos componentes fundamentais já descritos, as atitudes pedagógicas tornam-se estruturas necessárias ao seu desenvolvimento, quando nelas se considere, quer antecipadamente quer durante o processo, o estudo das potencialidades da criança, o estabelecimento das grandes e amplas linhas do plano orientador do processo, as formas de aplicação, a participação mediante as atividades propostas e um sistema de avaliação compatibilizado com as atitudes e com os objetivos gerais e parciais ou específicos.

3. *As atitudes pedagógicas na iniciação*

As atitudes pedagógicas necessárias ao desenvolvimento do desporto coletivo na escola, em crianças de ambos os sexos e de uma faixa etária que varia entre os seis e onze anos de idade, deverão resultar de um planejamento que considere as potencialidades dos indivíduos envolvidos no processo e que interprete a política educacional vigente, permitindo agir de uma forma inovadora e pessoal, mas com os objetivos educacionais cientificamente definidos e priorizados.

O prévio conhecimento da criança em desenvolvimento, bem como as suas potencialidades e os procedimentos de ensino-aprendizagem para as unidades-aula, constituem um conjunto fundamental para uma objetiva, coerente e flexível atitude pedagógica.

3.1 Estudo das potencialidades específicas

As potencialidades das crianças (cognitivas, motoras, sociais) evoluem de forma progressiva, aumentando gradualmente e perspectivando novas aquisições a partir das suas vivências, tanto no meio familiar como no social (Malina, 1987; Reid *et al.* 1989).

A elaboração de um plano progressivo para o desenvolvimento do desporto deverá considerar o crescimento motor da criança desde o seu início, ou seja, a partir dos seis até aos doze anos de idade, altura em que conclui uma fase da sua escolaridade. É a situação presente que definirá o que cada um poderá fazer no momento seguinte e, conseqüentemente, determinar as atividades e a intensidade a ser aplicada.

O estudo das potencialidades visando definir os objetivos a curto, médio e longo prazo, para o ensino-aprendizagem do desporto coletivo na idade escolar, deverá contemplar as seguintes vertentes:

— as aquisições no âmbito das capacidades coordenativas;
— as aquisições no âmbito das capacidades condicionais.

Considerando a aquisição das capacidades coordenativas, vários tipos de avaliação têm sido utilizadas, do conjunto dos quais se destaca o teste de coordenação corporal — KTK, que, segundo Kiphard (1974), permite detectar na atuação motora das crianças e de uma forma mais operacional, comparativamente com outros, tais como, por exemplo, o de Ozeretski, as assimetrias, também designadas como estados de coordenação insuficiente. Neste caso, operacional relativamente ao número de provas e à facilidade de execução.

Outros autores, entre eles Singer e Dick (1980) e Siedentop (1986), também fazem referências à necessidade de avaliar as potencialidades da criança na fase inicial da sua aprendizagem desportivo-motora, destacando para tal a importância da aplicação de testes gerais e específicos, que sejam abrangentes da coordenação e da habilidade, aliados ao conhecimento das condições sócio-culturais obtido a partir de inquéritos, pois para estes autores o estudo da relação de todos estes fatores beneficiará a pedagogia desportiva logo a partir dos primeiros anos de escolaridade.

Esta avaliação, a ser realizada em períodos definidos, proporcionará o conhecimento do potencial motor que é progressivamente desenvolvido, sendo apoiado pela observação direta realizada sistematicamente. Para Flourens e Vinel (1982), este tipo de avaliação permite regular a intensidade e verificar as aquisições das crianças.

A avaliação das capacidades condicionais poderá ser fundamental neste período de escolaridade, apesar de, eventualmente, revelar algumas situações que implicam em uma atenção especial.

Efetivamente, elas desenvolvem-se quase naturalmente entre os seis e sete e os dez e onze anos, e ao mesmo tempo que a coordenação e a habilidade. Neste sentido Mitra e Mogos (1982) afirmam que bastará participarem regularmente de atividades desportivo-motoras. Só por volta dos doze anos é que será necessário dar maior ênfase ao seu desenvolvimento.

Uma sondagem das condições sócio-culturais constituirá, igualmente, um importante indicador do comportamento inicial, que revelará os níveis psicoemotivos resultantes das diferentes oportunidades vivenciadas no seu meio ambiente a até à entrada na escola.

Vários outros autores, entre eles Diem (1977) e Harrow (1983), apontam também a importância destes conhecimentos para a elaboração dos projetos de desenvolvimento das potencialidades das crianças e, conseqüentemente, de um planejamento evolutivo das atividades desportivas, logo a partir da sua fase inicial.

Também, Perez (1987) acrescenta que este conhecimento favorece a escolha de programas adaptados às potencialidades e à vontade das crianças.

3.2 Planejamento

O planejamento geral das atividades no âmbito do desporto coletivo tem sido objeto de diversas abordagens e discussões. A determinação das linhas gerais, de onde ramificam as atividades, tem sido para uns a gênese de uma prática que conduz à alta competição; para outros, significa a organização de formas de participação e de aprendizagem durante um período determinado e inseridas nos objetivos educacionais, designadamente no desenvolvimento perceptivo e sócio-motor (Grupe, 1985).

Grupe (1985) salienta a necessidade de utilizar o desporto na escola como meio educativo (desenvolvimento corporal e integração social) e de rejeitar toda a prática que tenha como perspectiva a especialização. Para este autor, a criança deverá utilizar todas as suas capacidades para organizar sua vida pessoal e social; o aproveitamento dos talentos é viável desde que não lhe sejam exigidas *performances* precoces, salvo as compatíveis com as suas potencialidades e desde que não prejudiquem as outras atividades da vida escolar.

O desenvolvimento do desporto coletivo na primeira fase da escolaridade, no caso 1ª a 4ª séries, foi estudado por diversos autores (Bayer, 1979; Diem, 1977; Singer e Dick, 1980), que sugerem múltiplas formas de organização e de seleção das atividades, a partir de uma variedade de iniciações desportivas sem definições muito específicas. As atividades gímnicas estão, igualmente, incluídas.

Para a sua iniciação, são vulgarmente apresentadas atividades básicas da técnica gestual, com manipulação da bola, a partir das quais são desenvolvidas as coordenações gerais, as específicas e as habilidades. As atividades gímnicas colaboram no desenvolvimento das capacidades condicionais, como referem, entre outros, Bayer (1979) e Diem (1977).

As múltiplas formas sugeridas na bibliografia pertinente tornaram possível conceber o seguinte esquema:

Figura 2: LINHAS GERAIS DO PLANEJAMENTO PARA O DESENVOLVIMENTO DO DESPORTO COLETIVO A PARTIR DA INICIAÇÃO (Pereira, 1990).

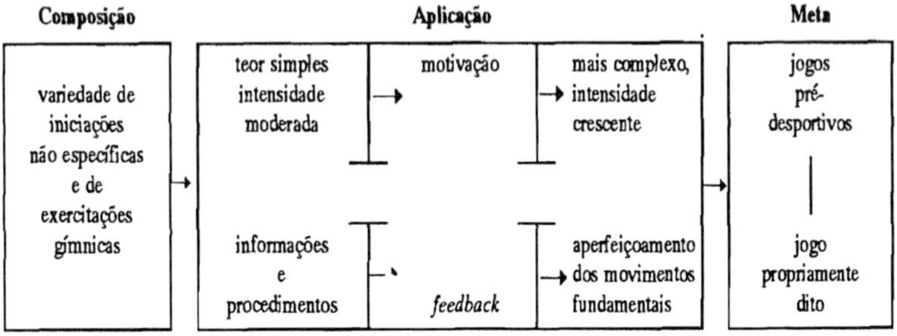

A seleção do conjunto de elementos que fazem parte do plano é, para Piéron (1990), fundamental para a obtenção do êxito pedagógico e deverá estar ligada às tarefas e às situações que permitem ao docente alcançar os objetivos definidos na sua programação de ensino das atividades físicas.

A síntese que orienta o plano global e apresentada na figura 2 permitirá verificar o aparecimento das ramificações referentes ao conteúdo, aos procedimentos e à meta objetivada.

A distribuição dos conteúdos e das unidades-aula que constituem o programa é organizada em função das três partes que tradicionalmente compõem os programas escolares: os objetivos, o conteúdo e a avaliação.

A atitude pedagógica depende, no entanto, da opção do docente, que utilizará esquemas abertos, fechados ou mistos para aplicar os conteúdos.

As atuais concepções pedagógicas apontam para uma relativa ineficácia dos esquemas fechados; vários autores recomendam a utilização dos esquemas abertos, que colocam o aluno como centro de ensino a fim de que possa participar na sua própria formação (Hildebrand e Laging, 1986).

As concepções do esquema misto, que preconizam a liberdade da criança, estabelecem, no entanto, um controle na organização das atividades e uma interferência sempre que for julgado necessário.

Este esquema pedagógico parece adequado à iniciação do desporto coletivo. As crianças desta idade (6 a 11 anos) aguardam a solicitação do professor e são espontâneas, questionando quando têm dúvidas ou quando querem conhecer a sua execução.

Knapp (1983) e Xavier (1986) consideram o esquema misto como o verdadeiro método para a iniciação, altura em que as crianças necessitam que lhes seja dito "o que e como fazer" e depois acerca da "qualidade da prestação" e, igualmente, da "esperança de sucesso" na realização das diversas tarefas propostas.

3.3 Aplicação

A aplicação dos conteúdos determinados no plano e a sua eventual flexibilidade dependem das necessidades de execução da criança. Mahlo (s/d) afirma que estes ajustamentos constituem um conjunto de oportunidades para participar no desporto coletivo: cada criança poderá assim dispor das suas capacidades, sendo progressivamente estimulada a melhorar a sua prestação motora e a sua inter-relação com os outros.

A proposta de execução de seqüências simples poderá motivar o aperfeiçoamento do ato desportivo-motor. Esta formação primária facilitará a escolha do desporto que praticará no futuro. O modo como a criança é orientada e a forma como executa influenciarão na aceitação das atividades que regulam o seu propósito intrínseco de aprender (Gagné, 1984).

Segundo Bento (1987, pág. 96), "Um outro aspecto importante da relação 'objectivo-matéria' e do procedimento metodológico do professor na formação de habilidades motoras reside no ordenamento metodologicamente correcto dos diferentes exercícios corporais, com particular incidência no plano de ensino e nas séries ou sequências de exercícios".

A teoria tem demonstrado que o procedimento geral (ou global) antecede a síntese (ou especificidade), particularmente no caso da pedagogia desportiva, contudo com algumas restrições em diferentes contextos de aprendizagem.

A aplicação planejada das atividades do programa, unidade a unidade, possibilitará uma progressão do geral ao específico (Xavier, 1986). Relativamente à instrução e no âmbito da tecnologia educacional, é possível verificar uma estrutura móvel, objetivando o desenvolvimento das potencialidades da criança e relacionando com o crescimento e com a maturação biopsicológica (Ausubel, Bandura, Bruner, Piaget e Skinner, *apud* Oliveira e Chadwick, 1984).

O professor poderá, desta forma, esquematizar e personificar a sua atuação, a fim de obter o melhor aproveitamento, etapa a etapa, e respeitando a capacidade da criança em cada idade. No caso dos desportos coletivos, atingirá o jogo propriamente dito no final da escolarização primária e favorecerá a entrada da criança no nível de escolaridade seguinte (Borsari e outros, 1980).

Os procedimentos que serão aplicados na unidade-aula, que objetivam o desenvolvimento do desporto coletivo e conducentes à aprendizagem progressiva dos fundamentos, são consensualmente estabelecidos pelos autores da pedagogia desportiva, segundo uma determinada seqüência:

- — uma entrada calorosa na parte inicial;
- — o desenvolvimento das capacidades condicionais (força, velocidade, flexibilidade e resistência), individualmente ou em pequenos grupos;
- — aplicações desportivas;
- — atividades calmantes na parte final da sessão.

Para além de seguir esta linha de procedimentos e em progressão pedagógica, o professor necessita considerar fundamentalmente o conhecimento da maneira de ser dos seus educandos.

Assim, segundo Oberteuffer e Ulrich (1977), proporcionará uma gradual melhoria na execução individual dos fundamentos desportivos de todas as crianças. Além disto, necessita evitar também o realce exagerado dos que possuem maior talento. Aos menos habilidosos, deverá procurar assegurar a participação plena. A observação da atuação motora da criança contribuirá igualmente para a elaboração de estratégias motivantes.

As estratégias e os conteúdos implicam numa discriminação-ação metodológica, que por vezes utiliza formas de competição para o desenvolvimento das habilidades: "Ao envolver a criança em propostas de competição, no entanto, será necessário não criar um clima competitivo exacerbado que possa deteriorar a qualidade do movimento. Se a competição pode acarretar maior empenho das crianças em acertar, os exageros, por sua vez, podem prejudicar a aprendizagem motora, pois a ênfase exclusiva na competição faz com que a criança desconsidere o gesto que está realizando" (Freire, 1989, pág. 97).

A forma de aplicar os conteúdos envolvendo uma ação total da unidade-aula implica a análise do método.

Segundo Xavier (1986), existem três métodos em educação física e desportos: o parcial, o global e o misto. A utilização de um dos métodos depende da idade e do momento do ensino-aprendizagem. No caso da iniciação desportiva, este autor preconiza para esta fase o método misto, cujo uso pode proporcionar as seguintes vantagens:

— rápida orientação técnica dos educandos;
— fácil correção dos defeitos de execução;
— domínio mais rápido da técnica;
— fácil motivação.

O mesmo autor acrescenta que, ao contrário dos métodos parcial e global, o método misto não tem evidenciado qualquer desvantagem na sua aplicação, sobretudo na educação física e nos desportos.

No conjunto de indicadores que orientam a aplicação, há ainda que considerar uma concepção de Mosston (1966), relativa ao ensino segundo "estilos". Este autor sugere que se iniciem por "comando", seguido de outros, designados de tarefa, de descoberta guiada, de ensino recíproco, de resolução de problemas e até finalmente atingir o estilo da "descoberta".

As atividades educativas pelo movimento têm assim início numa execução não questionada pela criança e evoluem para outra situação, onde predominam o raciocínio e a criatividade, com coerência e significado.

Goldberg e Gerney (1986) estudaram a evolução destes estilos efetuando três avaliações da aprendizagem motora com resultados significativos a partir da segunda e sobretudo da terceira e última avaliação (pós-teste).

Aplicados ao ensino do desporto dentro da disciplina educação física, os estilos de Mosston não são excluídos da sessão, podendo acontecer outros, de acordo com a situação e o momento, bem como resultantes da ação do professor.

O próprio Mosston (1986), vinte anos depois e numa revisão dos seus estudos anteriores, reconhece a não exclusividade de um dos estilos numa única sessão ou num grupo de sessões. Atualmente propõe intercalar os estilos que considera salutar para a motivação e para a facilitação da aprendizagem motora e do desenvolvimento sócio-motor, apesar de referir que — de acordo com os objetivos — o professor deverá evidenciar um dos estilos preconizados.

O conhecimento pormenorizado dos estilos constituirá um instrumental teórico de grande valia para proporcionar o desenvolvimento do desporto coletivo.

3.4 Participação

A participação da criança nas atividades direcionadas para uma aprendizagem progressiva do desporto coletivo na escola depende da forma como são organizadas e da dinâmica imprimida pela disciplina de educação física.

Oberteuffer e Ulrich (1977) afirmam que, num programa com este tipo de atividades, será importante que a criança se mova dentro de padrões que consideram a sua natureza, as suas necessidades e os seus anseios e que encoraja à descoberta do seu eu no meio ambiente durante o processo de aprendizagem.

Na primeira fase de escolaridade a criança deverá participar de um processo de ensino que procura múltiplos resultados, imediatos ou de longo alcance, mesmo para além desta fase de escolaridade. Neste sentido, aqueles autores propuseram uma escala de valores para os diferentes tipos de participação adequados aos objetivos estabelecidos. Assim:

Figura 3 — ZONAS DE VALORES A DESENVOLVER MEDIANTE A PARTICIPAÇÃO DA CRIANÇA, DEPENDENTES DOS OBJETIVOS E DA FILOSOFIA DO PLANO. (Adaptada de Oberteuffer e Ulrich, 1977).

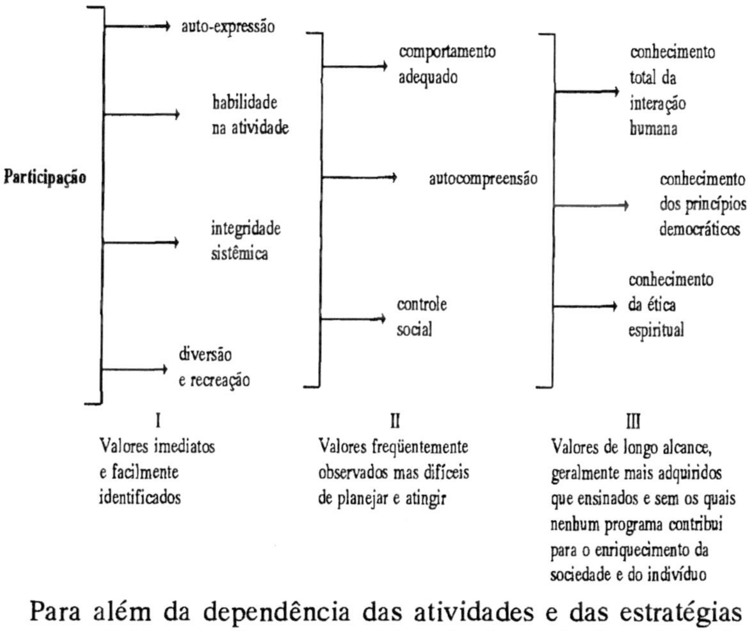

Para além da dependência das atividades e das estratégias preconcebidas no plano, a participação dependerá também de algumas variáveis relativas ao próprio educando e que o condicionam.

Para Xavier (1986), as variáveis de dependência da criança que influenciam o desenvolvimento das suas capacidades de atuação são as seguintes:

— a idade e o sexo;
— o desenvolvimento cognitivo;
— o desenvolvimento motor;
— as diferenças individuais dentro do conjunto;
— a influência das experiências físico-motoras e relacionais anteriores.

A escolaridade inicial (1ª a 4ª série) e a idade parecem reunir os parâmetros propícios ao desenvolvimento do desporto coletivo, sobretudo no estágio etário dos nove a dez anos. Vários autores (Bayer, 1979; Le Boulch, 1985) salientam que o discernimento, a expansividade e a vontade de jogar, controlados por uma orientação específica, fazem com que a criança aceite as regras elementares que defenderá com rigor e sinta a importância que representa no grupo.

Também Giraldes (cit. por Xavier, 1986) refere que as crianças destas idades interessam-se mais por atividades movimentadas e organizadas do que nas idades anteriores, principalmente quando lhes é permitido demonstrar as suas habilidades, a sua força, bem como a oportunidade de se compararem com os outros no desempenho das suas capacidades.

A aprendizagem elementar do desporto coletivo, a partir da primeira fase de escolaridade com o caráter de "preparação" para o nível escolar seguinte, só será válida quando estimuladora de uma participação ativa e dinâmica da criança e fomentadora da estruturação do ato motor, em geral, e do gesto esportivo fundamental, em particular, e ainda quando contribui para o início da relação interindividual e coletiva que caracteriza o desenvolvimento sócio-motor.

Numa pesquisa realizada, Sleet (1985) demonstra que, a partir desta fase de escolaridade, a estimulação assim concebida poderá beneficiar a adaptação a um nível posterior (5ª série em diante) e, conseqüentemente, aceitar os graus mais elevados de exigência, tanto relativos às capacidades condicionais como para obter uma melhoria de execução técnica (gestual) e relacional (sócio-motora).

3.5 *Avaliação*

A avaliação que tradicionalmente é feita, tanto relativamente ao processo como ao produto, faz parte das atitudes pedagógicas e permite verificar, periodicamente, a evolução do processo e a evidência final (produto obtido), para comparar este com os objetivos definidos. Porém, para Dewey (1978) e Bloom, Hastings e Madaus (1983), este produto nunca está acabado ou finito.

A avaliação da aprendizagem do desporto coletivo na sua fase de iniciação deverá essencialmente permitir situar o professor e o aluno num quadro de possibilidades de prossecução do programa, que Bayer (1979) considera fundamental para definir a ênfase da execução dos diversos fundamentos integrantes de uma ou de várias modalidades desportivas.

Se o aluno participar na avaliação, uma das formas será a auto-avaliação e dependente da observação de um modelo de movimento com o qual comparará a sua própria atuação e assim projetará o seu desempenho. Pela sua própria percepção, verificará a diferença e o grau de proximidade entre o modelo de movimento e a sua execução (Meinel, 1984). A emissão verbal do professor (*feedback*), orientando a sua correção (Magill, 1984), completará esta avaliação.

A criança em fase inicial de escolaridade, mesmo já com nove ou dez anos, não poderá ainda, segundo Vayer (1982), ser avaliada com muito rigor técnico. Para avaliá-la necessita-se de indicadores que elucidem acerca da importância dos testes, da observação do professor ou ainda da auto-avaliação que tem como objetivo resolver as dificuldades que possam estar acontecendo na sua aprendizagem, bem como verificar se já será possível intensificar essa avaliação, a partir de movimentações novas e mais complexas, de nível superior relativamente às executadas anteriormente.

A criança, entre os nove e doze anos de idade, já será capaz de interiorizar a imagem do gesto e de perceber se a sua atuação individual e a do conjunto, em situação de jogo, são eficientes, ou se apresentam carências de um estado de habilidade ainda não adquirido. Trata-se de uma auto-avaliação de situação muito pessoal. Não obstante, o professor precisa estimular a continuidade, explicando ao aluno que dele depende a melhoria da prestação (Brau-Antony, 1989).

Sem o diálogo professor-aluno sempre haverá riscos de um abandono precoce. O diálogo será como que uma avaliação projetiva que estimulará a permanência na atividade e a participação no processo decisivo da sua própria aprendizagem.

A seguinte afirmativa de Singer e Dick (1980) torna mais clara a discussão deste tópico: ''Se a finalidade do ensino é facilitar modificações positivas no comportamento do aluno, então, obviamente, a finalidade da avaliação é determinar essas modificações e, por sua vez, a eficácia do ensino'' (pág. 145).

Para o estudo do movimento humano, as escalas de valores contidas em inquéritos, em testes e em observações sistemáticas podem, por vezes, não traduzir o rendimento exato do comportamento que se quer avaliar e relativos a um ou a vários objetivos. O ser humano é uma totalidade indissolúvel (Wallon, 1981), cuja avaliação comportamental, embora considere aspectos parciais do seu estado de ser total, poderá interferir na revelação das suas reais capacidades, apresentando no seu comportamento observável mais do que estava previsto.

O comportamento da criança, como ser menos estável que o adulto, poderá falsear uma avaliação no âmbito da motricidade; um mesmo ato motor ou uma seqüência podem ser realizados com mais ou menos eficiência em diferentes momentos de observação (Frostig e Maslow, 1984; Magill, 1984).

O fator psíquico intervém na ação podendo alterá-la, sobretudo nos momentos de avaliação e distorcendo a realidade observável. Assim sendo, deverão existir várias observações que, comparadas, traduzirão a influência das diferentes situações emocionais (Vayer, 1982).

A instabilidade psíquica poderá, no entanto, ser reorganizada pelo próprio indivíduo e tornada estável e estabilizadora do movimento, quando a avaliação for entendida como auxiliar da sua aprendizagem. A situação de percepção positiva da avaliação relaciona-se com a lei do efeito, quer pela satisfação com o resultado obtido, quer pela visão da possibilidade da sua correção e adaptação.

Na iniciação dos desportos coletivos, a forma mais elementar e as facilidades emanadas das próprias características da atividade podem favorecer a aprendizagem e a sua avaliação, apresentando um quadro de sucessivas passagens desde as situações mais simples e até as mais complexas, como uma cadeia de elos interligados e progressivos.

CAPÍTULO V

O EXEMPLO DO HANDEBOL ESCOLAR

1. Introdução

Pode-se afirmar que do conjunto dos desportos coletivos, o handebol parece ser o que mais características reúne no seu bojo que facilitam o desenvolvimento gestual, social e orgânico da criança e logo a partir da sua iniciação.

A utilização do handebol visando ao desenvolvimento da criança e à integração nos objetivos gerais da escola tornar-se-á fator educativo desde que os objetivos operacionais abordem duas importantes variáveis do domínio psicomotor: o aspecto perceptivo-coordenativo e o aspecto sócio-motor.

Na globalidade das ações solicitadas durante a prática desta modalidade coletiva, estes aspectos serão desenvolvidos se forem atingidas determinadas finalidades, que Ferrarese (1976) resume do seguinte modo:

— participar na formação de uma consciência moral e social;
— favorecer o equilíbrio emotivo;

— educar e favorecer a livre expressão da dinâmica pessoal;
— ajudar a evolução orgânica geral;
— contribuir para o melhoramento das qualidades psíquicas e cognitivas.

Outras modalidades desportivas poderiam, igualmente, desenvolver os aspectos perceptivo e sócio-motor, porém não é nova a idéia de que entre as modalidades desportivas o handebol é mais fácil de iniciar (Marin, 1981; Bayer e Mouvoisin, 1983; Mariot e Rongeout, 1989). A facilidade da sua aprendizagem foi evidenciada por estes autores que, com base na observação dos gestos, do desenvolvimento e da regulamentação, comparativamente à de outros desportos tais como basquetebol, voleibol e futebol, por exemplo, consideram com menor complexidade parcial (gestos dos fundamentos) e global (desenvolvimento da relação coletiva), para além de afirmarem que as regras são muito simples e portanto mais acessíveis às crianças de tenra idade.

A maior facilidade da aprendizagem do handebol, comparado com outras modalidades, é também salientada por Marin (1981), que afirma que neste desporto os componentes estruturais básicos são os gestos naturais do homem, desde a préhistória: o correr, o saltar e o lançar; a sua aplicação pode favorecer o desenvolvimento das capacidades condicionais e, conseqüentemente, a habilidade necessária à sua prática.

Muito recentemente, Brau-Antony (1989) confirma estas afirmações, porém recomendando a necessidade de distinguir a iniciação na escola da iniciação no clube, devido aos diferentes objetivos propostos.

Na escola o desporto é utilizado como fator educativo e de aprendizagem dos gestos motores e no clube ele é organizado para a participação em competições, que faz com que só sejam considerados os melhores, a partir de uma seleção de talentos e aptidões.

Pela evidente facilidade e simplicidade, a iniciação do handebol parece constituir um meio acessível para a educação do movimento, da sua percepção e da relação entre os indivíduos, e assim pode ser considerado um importante instrumento que a escola dispõe para concretizar a sua missão.

2. *Desenvolvimento elementar*

Para o desenvolvimento do handebol a partir da sua fase mais elementar (iniciação), Kasler (1983) destaca como tarefa metodológica pequenas práticas de jogos e de pequenos jogos desportivos que evoluem até o jogo propriamente dito. Durante este percurso, a característica pedagógica proposta pelo autor é marcada por um evoluir lento, que começa por se relacionar com a bola em nível de experiências e depois com o desenvolvimento da agilidade, coordenação e destreza, altura em que estabelece uma hierarquia para o desenvolvimento do handebol, assim distribuída:

— jogo com o par;
— jogo com grupos;
— jogo de equipe;
— jogo desportivo propriamente dito.

Nesta síntese hierárquica Kasler (1983) estabelece uma seqüência lógica que envolve a naturalidade na execução e garante o aproveitamento das experiências cotidianas. Experiências estas, tais como a manipulação de objetos, principalmente bolas com diversas dimensões e peso, logo a partir da idade pré-escolar.

Para este autor, a criança, já aos dez anos de idade, possuirá condições básicas para ter acesso ao jogo propriamente dito, se nas suas atividades anteriores tiver tido a oportunidade de vivenciar experiências orientadas, logo a partir da sua entrada na escola, tais como as previstas na organização hierárquica apresentada.

Uma das questões levantadas por Kunsagi (1983) sobre a iniciação e o desenvolvimento do handebol foi a seguinte: ''Como desenvolvê-lo evitando situações de violência, já que uma das características deste desporto é o contato físico?" (pág. 15).

Para este autor, as premissas do seu desenvolvimento deveriam ser orientadas essencialmente para a concepção desta modalidade como meio de educação do movimento e de relacionamento social. Assim sendo, numa fase adulta os futuros praticantes poderão discernir até que ponto o contato é permitido e não prejudicial à integridade física dos seus oponentes, bem como evitar todas as ações gerais que fogem ao ideal do jogo: vencer pela qualidade, à qual se somam a técnica, as capacidades condicionais de cada um e a relação coordenada do conjunto da equipe.

Este tipo de orientação propõe uma diretriz mais ampla e moderna, pois seria falso afirmar que a virilidade do handebol é incorreta, a não ser quando o contato corporal é prejudicial à integridade física e, quando acontece, deverá ser sancionada pelo árbitro.

Para Mariot e Rongeout (1989), o desenvolvimento do handebol durante a sua aprendizagem depende fundamentalmente da metodologia, que define as diversas ações componentes do jogo (ações individuais, interindividuais e coletivas), adaptadas ao nível comportamental da criança.

Essa adaptação compreende principalmente situações lúdicas e motivantes, funcionando como estimuladora da ação, quer seja individual, quer interindividual ou coletiva.

Para esse desenvolvimento, Teodorescu (1984) refere que o método de ensino dos conteúdos relacionados com os fatores psicossociológicos, logo a partir da sua iniciação, deverá propiciar a aplicação de cada domínio parcial dentro de um todo do jogo desportivo coletivo. Os fatores inerentes à técnica motora de execução (ato motor específico), quando relacionados com os aspectos psicológicos e sociológicos, poderão situar o desporto (o handebol, em particular) primeiramente como um ato de cultura, para depois ser considerado um elemento preventivo e compensador do negativismo da vida moderna.

Todos os aspectos possíveis de desenvolver com a prática do handebol, quando iniciado na escola primária, interligam-se com as capacidades gerais da criança.

Assim, a organização e a regulação dos conteúdos, considerando estas como capacidades, poderão, segundo Bayer (1974) e Bayer e Mauvoisin (1983), fazer com que esta prática seja realizada num *continuum*, desde o movimento elementar até ao conhecimento do jogo. Conseqüentemente, durante este processo, o handebol e a psicomotricidade são intercomplementares relativamente à ação e ao desenvolvimento do indivíduo, bem como à sua prática desportiva, relacionada consigo mesmo (perceptivo-motora) e com a sua imanente socialização (sócio-motora).

No âmbito da socialização, os estudos que Barata (1982) e Fiorese (1989) realizaram acerca da iniciação do handebol revelaram características comuns: a aglomeração das crianças em torno da bola e o jogo centrado no meio do campo, que impedem os arremessos ao gol. Esta característica egocêntrica poderá ser dissolvida com a utilização de uma seqüência metodológica e com a gradual compreensão das próprias crianças, para encontrar uma certa dispersão embora organizada, e assim melhor desfrutar o jogo.

O conteúdo e a sua organização serão fundamentalmente os elementos que poderão tornar esta prática mais organizada e coerente, muito embora ainda em fase elementar.

3. *Gestos básicos*

A definição dos gestos que a criança irá utilizar para jogar depende da necessidade de satisfazer um desejo correspondente à resolução de um problema (Guedes, 1988); a sua melhoria advém de uma crescente aquisição motora, inicialmente generalizada e depois mais específica, que faz com que o gesto se torne cada vez mais eficiente na satisfação desta necessidade.

No jogo, o gesto constitui uma parte útil do seu conteúdo total; quanto melhor for executado mais proporciona o sucesso das ações individuais e coletivas.

Na fase de iniciação a prática do handebol deverá ser muito simplificada para assim proporcionar a melhoria do gesto motor que resolverá os problemas característicos das situações momentâneas de jogo (passar e receber uma bola, progredir driblando, esquivar-se, arremessar, marcar os oponentes e desmarcar-se), ao mesmo tempo que aceita as regras mais elementares.

Considerando a relação do gesto elaborado com o seu suporte, ou seja, com as capacidades condicionais (força, velocidade, resistência e flexibilidade), admite-se a possibilidade de um melhor desenvolvimento dos aspectos perceptivo-cordenativo e sócio-motor, obtido consoante as capacidades numa dinâmica de solicitações nesta atividade movimentada.

A apresentação dos gestos básicos, feita durante os jogos pré-desportivos e numa demonstração particularizada, é, para Bayer (1979), a estratégia mais vulgarmente utilizada na fase de iniciação que facilitará a sua definição, bem como o seu emprego racional em situação de jogo. Constitui um recurso didático-pedagógico que favorece a aquisição gradual pelo processamento da informação seguido da prática (Araújo, 1983).

Thelen e outros (1980) dizem também haver uma correlação significativa na aprendizagem do gesto por imitação dos companheiros com o estabelecimento das relações sócio-motoras nos desportos com bola. Os autores referem ainda que esta estratégia garantiu a motivação para a prática e que a socialização ultrapassou os limites escolares no caso da formação de grupos de amigos.

A aquisição crescente é motivada sobretudo pelo ambiente lúdico, mas também porque no handebol — segundo Ferrarese (1976) — os gestos estão próximos da conduta natural, desejada pela criança para expandir os seus movimentos com alegria e para satisfazer a sua necessidade intrínseca de gastar as energias acumuladas. Para este autor, o conjunto de fatores implícitos ao handebol facilita a compreensão e a aquisição do seu repertório gestual, sem necessitar recorrer a sofisticadas técnicas de aprendizagem, o que não acontece nas outras modalidades desportivas tais como basquetebol e o voleibol.

Na bibliografia específica referente aos gestos básicos do handebol e à sua seqüência e interligação até atingir o jogo propriamente dito por meio de combinações lógicas e criativas, é possível observar uma diferenciação na ordem de apresentação e de sugestões, mas que não interferem na tipologia gestual.

Enquanto Kasler (1983) apresenta em primeiro lugar os lançamentos em direção a alvos ou os jogos de arremesso para depois atingir a relação interindividual, a grande maioria dos especialistas sugere primeiramente o uso do passe e da recepção, justificando que deste modo se poderá reforçar desde logo o desenvolvimento sócio-motor, simultaneamente com o aspecto perceptivo-coordenativo (Bayer e Mauvoisin, 1983; Kunsagi, 1983).

Ambas as teorias parecem, entretanto, somar-se às da construção do ato motor para definir e configurar o gesto específico de cada fundamento desportivo, que evolui hierarquicamente da percepção à assimilação e à coordenação dos movimentos.

No handebol parece ser possível definir os gestos básicos cuja construção — integrada no âmbito da educação física na escola — poderá ser organizada num organograma com base na sua estrutura mais simples e que facilita a compreensão e a aprendizagem.

Esse organograma, que corresponde a uma síntese bibliográfica dos vários autores, é estruturado a partir da interpretação destas idéias, que são apresentadas na literatura específica do handebol.

Nele é possível verificar que os gestos básicos se traduzem num elo que liga as qualidades motoras à atividade sócio-motora.

Figura 4 — ORGANOGRAMA DA SITUAÇÃO DOS COMPONENTES DO HANDEBOL E DAS SUAS INTER-RELAÇÕES (Pereira, 1990).

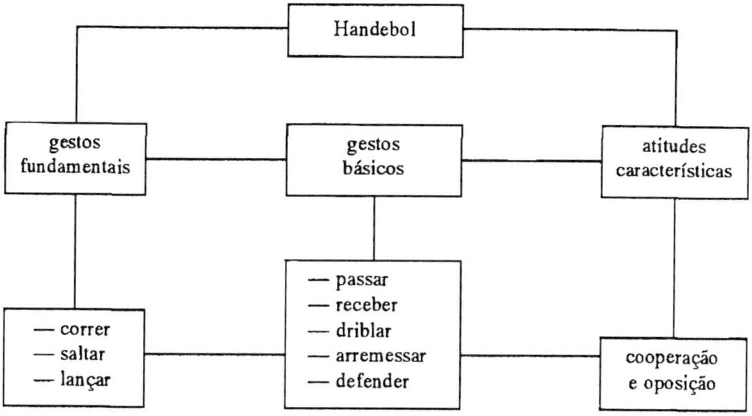

O controle dos gestos, desde a execução simples e elaborada a partir de uma estrutura psicomotora, evoluirá para o ato motor mais complexo cujas partes ou fundamentos do jogo se ligam para formar um todo. Esta atitude psicomotora é assim organizada e objetivada (Bayer, 1979; Mariot e Rongeout, 1989).

Os gestos básicos do handebol vão sendo elaborados de acordo com uma aplicação pedagógica, que define as atitudes ofensivas e defensivas individuais e coletivas. No entanto, sua iniciação depende de um ampla estimulação psicomotora vivenciada durante o crescimento e a maturação.

Por volta dos nove a dez anos de idade, sua utilização elementar em jogo vai sendo possível dado o início da descentralização da imagem do eu, com crescente visualização do mundo e das coisas (Piaget, 1961; Bayer, 1982). O egocentrismo diminui lentamente na criança e torna a atividade gradualmente mais coletiva, paralelamente a uma também crescente melhoria da coordenação e da habilidade gestual individual (Bayer, 1979; Kiphard, 1974).

4. Domínio sócio-desportivo-motor

O domínio sócio-desportivo-motor resulta da conjugação dos fatores da aprendizagem gestual com a relação entre os parceiros e os oponentes no jogo e nele construir ações em conjunto, de modo a facilitar ao máximo a efetivação dos seus objetivos.

Inserido na disciplina educação física e a serviço da educação, o handebol deverá ser utilizado para estabelecer as relações sócio-desportivo-motoras, tal como nas outras modalidades coletivas, embora seja reconhecido como o que mais facilmente o desenvolve.

A facilidade da criança iniciar na escola o seu relacionamento com os outros por meio do handebol deve-se inicialmente ao seu principal implemento material, que é uma bola pequena e portanto de fácil manipulação, bem como às demarcações do campo, que são simples. Assim sendo, a atenção pode ser mais facilmente concentrada nos objetivos do jogo e na descoberta da utilidade do parceiro ao formar conjuntos.

O domínio sócio-desportivo-motor do handebol está delimitado pelas seguintes atitudes:

— encontrar meios para finalizar as jogadas (o arremesso é preparado anteriormente pelo passe, pela recepção e pelos deslocamentos);
— utilizar o drible para dominar o implemento (bola), enquanto procura uma oportunidade de passe ou de arremesso;
— opor-se, juntamente com o grupo, às tentativas de finalização do grupo contrário.

Mariot e Rongeout (1989) atribuem esta situação sócio-motora global, delimitada nos jogos desportivos coletivos e particularmente no handebol, à própria natureza lúdica presente nas atividades movimentadas e que implica uma necessidade de relação, composta pelos seguintes parâmetros:

— parceiro — cooperar;
— adversário — opor-se;
— bola — a conquistar;
— espaço — a recuperar;
— árbitro — a respeitar;
— regras, regulamento — a seguir.

Para Parlebas (cit. por Gonçalves, 1988, pág. 17), as regras delimitam e condicionam toda a dialética cooperação/oposição; o seu respeito é que irá traduzir a originalidade do jogo, ao impor às condições motoras um tipo preciso de permutas: o controle da bola, as cargas permitidas ou interditas e o terreno do jogo, ou seja, o espaço regulamentar a ocupar.

Esta estrutura social e cultural do jogo, particularmente no handebol elementar, pode ser comparada com uma afirmação muito significativa feita por Tani e outros (1988, pág. 133): "...a estrutura social do ser humano só encontra significado ao se comportar como um todo".

A determinação de um projeto coletivo, para Bayer (1974, 1979) e Kunsagi (1983), proporcionado por uma metodologia flexível, servirá de base unificadora e de denominador comum à ação empreendida por todos.

No contexto escolar e dentro da disciplina de educação física, o handebol elementar, pela sua dinâmica de grupo reconhecidamente facilitadora das ações coletivas, poderá vir a contribuir para a formação geral da criança, nomeadamente da sua estruturação psicomotora e na sócio-motora.

5. Contributo educativo

Como disciplina, a educação física é parte integrante dos objetivos gerais e educacionais da escola; como desporto, o handebol pode estar integrado nesta disciplina e constituir um meio educativo que proporcionará o desenvolvimento corporal e a integração social da criança.

Como qualquer outro desporto, o handebol pode proporcionar o desenvolvimento da iniciativa, da disponibilidade e da vontade da criança em melhorar as suas capacidades e resolver os seus problemas, quando consegue transportar uma experiência de aprendizagem motora organizada para a sua vida escolar e social; desta forma será instrumento cultural.

As experiências de movimento centradas num repertório de handebol elementar poderão motivar o desenvolvimento psicomotor, que tem por base o desenvolvimento perceptivo-coordenativo e sócio-motor e até cobrir as lacunas devidas a um insuficiente desenvolvimento motor antes da entrada da criança na escola. Para cobrir tais lacunas, Le Boulch (1978) refere que nas atividades movimentadas deve ser dada uma especial atenção à organização do tempo, do espaço e da coordenação dinâmica geral, a fim de que todos possam, assim, iniciar as ações com habilidade.

Estas lacunas parecem efetivamente existir, quer relativamente à capacidade para os movimentos do desporto, quer para outras atividades de manipulação que exigem deslocamentos e confirmadas pelos resultados de uma pesquisa realizada por Fry (1986) sobre a dinâmica olho-mão correspondente à coordenação óculo-manual tanto parado como em movimento.

No entanto, Docherty, Van Gyn e Falkenberg (1986) afirmam que, dependendo da idade (antes dos 12 anos), estas lacunas poderão ser corrigidas mediante um estímulo motivador cujos componentes envolvem uma motricidade rica em coordenação e habilidade.

Uma lacuna que não tenha sido compensada pela estimulação motora diversificada, segundo Barreiros (1981), terá efeito gradualmente ampliado no decorrer da escolaridade e que se traduzirá numa crescente interferência que dificulta as aprendizagens.

Durante as etapas anteriores de crescimento Barsch (cit. por Barreiros, 1981, pág. 78) comenta as carências na eficiência do movimento, relacionando-as com as dificuldades de aprendizagem que as crianças apresentam na escola e para as quais o professor deverá estar atento para intervir.

A contribuição do handebol na educação psicomotora, de acordo com a presente proposição, deverá abranger todo o grupo, independentemente da sua heterogeneidade, cujas crianças poderão apresentar um desenvolvimento motor compatível com a sua idade, ou então carenciado, devido à insuficiente ativação motora.

Mariot e Rongeout (1989) afirmam, relativamente a este tipo de intervenção, a necessidade de tentar relacionar o indivíduo (eu individual) com o seu meio sócio-cultural e de utilizar como uma das alternativas os gestos básicos e naturais do handebol. Estes, pela sua simplicidade, parecem ser capazes de facilitar o ajustamento motor e de proporcionar o desenvolvimento sócio-motor, diminuindo assim o referido fosso ou lacuna existente entre as crianças com maior ou menor talento.

Algumas sugestões de diversos autores foram adaptadas para supor a possibilidade de tornar o handebol um componente educativo e, naturalmente, inserido na disciplina Educação Física, cujas inferências, que delimitam principalmente a percepção e a sócio-motricidade, por ordem de atividades, são apresentadas a seguir:

— trabalho de estímulos para o ajustamento motor gradual;
— domínio de cadeias simples de movimentos;
— combinações interindividuais simples;
— dedução das situações de cooperação e de oposição;
— resolução de problemas/movimento;
— criatividade na apresentação;
— respeitabilidade relacionada com os parceiros, com os oponentes e com uma regulamentação simplificada.

Esta sequência evidencia uma simbiose relativa ao trabalho do professor e à atitude da criança, considerada essencial na teoria de diversos autores (Le Boulch, 1978, 1985; Mitra e Mogos, 1982; Frostig e Maslow, 1984) e mais recentemente Kasler (1988), que chama a atenção para uma formação corporal e social por meio do handebol elementar e relacionada com a sua regulamentação, cujos fatores garantem o sucesso da influência no desenvolvimento da criança.

A observação criteriosa e flexível dos pontos assinalados na iniciação do handebol poderá concretizar os objetivos da sua utilização (o desenvolvimento e o ajustamento psicomotor das crianças), num estágio etário em que, segundo diversas teorias, se aplicam as técnicas mais elementares, introduzidas nos jogos pré-desportivos e no jogo propriamente dito, já a partir dos oito e até os onze anos.

A ordem apresentada poderá no entanto ser valorizada pela motivação que levará as crianças a enriquecer o seu comportamento, tanto no aspecto motor como no das experiências sociais.

6. *Conclusão*

> "Qualquer que seja a capacidade do indivíduo, ela está no domínio da capacidade motora."
>
> MALINA, 1987

Na natureza do homem e considerando a sua unidade psicossomática (mente, corpo e espírito), as atividades globalizantes, dinâmicas e variadas irão desempenhar um papel de agente de satisfação da necessidade de um envolvimento sócio-cultural, de expansão das energias e do desejo criador, quer tenham caráter utilitário, profissional, desportivo ou de recreação e de lazer.

Na criança em crescimento e maturação, a expansão das energias acumuladas é mais freqüentemente considerada como necessária, quer pelos especialistas, quer pelo próprio indivíduo, dada a transformação biológica e a riqueza das novas concepções que diariamente se apresentam intrínseca e extrinsecamente.

Na idade escolar, o desporto coletivo, em particular o handebol, parece configurar as estruturas que reúnem o conteúdo e as condições necessárias a uma gradual organização da motricidade geral e do processo de integração da criança com os outros, podendo mesmo tornar-se um meio facilitador da percepção, da coordenação e da socialização, dado o aproveitamento de uma disponibilidade natural da criança para a exploração do espaço e dos objetos e para a aprendizagem seqüencial a partir do uso do corpo e da inteligência.

Sem estimulação psicomotora e a oportunidade de um desenvolvimento racional das capacidades físicas e intelectuais que emergem principalmente entre os seis e os onze anos, a criança poderá sofrer perdas que diminuem a sua potencialidade e até a possibilidade de recuperação, a partir dos doze anos de idade.

Programar atividades desportivo-motoras com objetivos educacionais num contexto escolar inicial parece implicar o estabelecimento de uma filosofia diferente da que é praticada nos clubes, onde há tendência para uma especialização precoce que facilita o acesso às competições e, conseqüentemente, à conquista de resultados.

Na escola, as atividades desportivas e físicas deverão ser consideradas instrumento e meio, assim como a matemática, a escrita, a linguagem, entre outras.

O desenvolvimento desportivo-motor implicará a organização dos seus componentes fundamentais (o gesto motor, a cooperação e colaboração e a motivação) e a atitude pedagógica (o estudo das potencialidades inerentes a cada idade, a observação, o planejamento, a aplicação, a participação e a avaliação).

A partir de uma fase elementar do handebol, será possível estimular o progresso da criança no âmbito psicomotor, ao considerar os pressupostos teóricos apresentados e as afirmações de que este desporto coletivo está próximo dos gestos de expansão natural do homem e, portanto, de fácil aprendizagem.

A sua prática irá implicar então uma definição de objetivos direcionados aos aspectos sócio-desportivo-motores e uma filosofia inerente à sua operacionalidade.

As considerações e sugestões expostas pelos autores da área e que geralmente se apóiam nas suas próprias experiências profissionais e nas informações relativas ao comportamento humano das diversas faixas etárias, encontradas principalmente em informações das áreas de psicologia, da biologia, da pedagogia e da filosofia, impulsionam o estudo da utilidade deste tipo de atividades no âmbito educacional.

Referências bibliográficas

ARAÚJO, J. M. (1983) — Iniciação aos Desportos Colectivos — parte I. *Sete Metros*, (5), 7-12.

ARAÚJO, J. M. (1983) — Iniciação aos Desportos Colectivos — parte II. *Sete Metros*, (6), 7-10.

BANDURA, A. (1968) — Social Learning of Moral Judgement. *Journal of Personality and Social psychol.*, (11), 275-279.

BARATA, J. (1982) — Andebol no 1º Ano do Ciclo Preparatório — parte I. *Sete Metros*, (1), 11-16.

BARREIROS, J. M. P. (1981) — Actividade Motora e Desenvolvimento Conceptual. *Ludens*, 5, (4), 76-83.

BAYER, C. (1974) — *La Pratique du Hand-Ball et son Approche-Psycho-sociale*. Paris, Vrin.

BAYER, C. (1979) — *L'Enseignement des Jeux Sportifs Collectifs*. Paris, Vigot.

BAYER, C. & MAUVOISIN, M. (1983) — *Hand-ball et Psychomotricité*. Paris, ESF.

BENTO, J. O. (1986) — Para uma Teoria e Metodologia da Educação Física. *Horizonte*, III, (16), 123-135.

BENTO, J. O. (1987) — *Desporto Matéria de Ensino*. Lisboa, Caminho.

BENTO, J. O. (1989) — *Para uma Formação Desportivo-Corporal na Escola*. Lisboa, Horizonte.

BÉQUER, G.; GONZALES, C. & PLOUS, M. (1988) — Clasificación de los Juegos. *Stadium*, (130), 9-12.

BLOOM, B. S.; HASTINGS, J. J. & MADAUS, G. F. (1983) — *Manual de Avaliação Formativa e Somativa de Aprendizado Escolar*. São Paulo, Pioneira.

BORSARI, J. R. & outros (1980) — *Educação Física — da Pré-Escola à Universidade*. São Paulo, EPU.

BRAU-ANTONY, S. (1989) — Hand-ball — Jeux Sportifs Collectifs: Evaluation Formative. *EPS*, (216), 20-24.

CARVALHO, C. (1985) — Algumas Considerações sobre Iniciação aos Desportos Colectivos — 2ª parte. *Sete Metros*, (13), 28-32.

COELHO, O. (1989) — Desporto Escolar e Desporto Federado — Algumas Reflexões Necessárias. *Horizonte*, (33), 83-88.

CORBIN, C. & outros (1980) — *A Textbook of Motor Development*. 2 ed., Dubuque, Iowa, W. C. Brown.

BECKER, R. (1988) — Iniciation au Handball — L'Enseignement Primaire. *Revue EPS*, (212), 20-21.

DEWEY, J. (1978) — *Vida e Educação*. 11ª ed., São Paulo, Melhoramentos.

DIEM, L. (1977) — *Esportes para Crianças*. Rio de Janeiro, Beta.

DIETRICH, K.; DÜRRWACHTER, G. & SCHALLER, H. J. (1984) — *Os Grandes Jogos — Metodologia e Prática*. Rio de Janeiro, Ao Livro Técnico.

DOCHHERTY, D.; VAN GYN, G. H. & FALKENBERG (1986) — Development Aspects of Organization Strategics in Recall of Extent of Movement. *Perceptual and Motor Skills*, (62), 919-922.

FERRARESE, J. F. (1976) — *El Balommano*. Barcelona, De Vecchi.

FERREIRA, M. J. & outros (1982) — Análise Metodológica do Ensino do Andebol no Ciclo Preparatório. *Ludens*, 6, (2), 41-46.

FIORESE, L. (1989) — A Iniciação do Andebol em Escolares da Faixa Etária de Dez a Doze Anos: Um Referencial Teórico. *Anais da VII Semana de Educação Física — Educação Física Escolar e sua Função*. Maringá, DEF-UEM.

FLINCHUM, B. M. (1981) — *Desenvolvimento Motor da Criança*. Rio de Janeiro, Interamericana.

FLOURENS, C. & VINEL, C. (1982) — *Sports et Education Physique à l'Ecole de 7 a 12 ans*. Paris, Amphora.

FREIRE, P. (1989) — *Educação de Corpo Inteiro — Teoria e Prática da Educação Física*. São Paulo, Scipione.

FROSTIG, M. & MASLOW, P. (1984) — *Educacion del Movimento — Teoría y Prática*. Buenos Aires, Panamericana.

FRY, C. J. (1986) — Eye-Hand Dominance and College Major. *Perceptual and Motor Skills*, (62), 918.

GOLDBERG, M. & GERNEY, P. (1986) — The Effects of Direct Teaching Styles on Motor Skills Acquisition of Fifth Grade Children. *Research Quarterly*, 57, (3), 215-219.

GONÇALVES, C. A. (1988) — *O Desenvolvimento do Jovem Praticante — Manual do Monitor*. Lisboa, D. G. D.

GRUPE, O. (1985) — Top Level Sports for Children from an Educational Viewpoint. *International Journal of Physical Education*. XXII, (1), 9-16.

GUEDES, G. (1988) — A Revalorização dos Desportos Tradicionais e a Melhoria da Condição Física nas Populações. Porto, *Jornadas Científicas Desporto, Saúde e Bem-Estar*.

HARROW, A. (1983) — *Taxionomia do Domínio Psicomotor*. Rio de Janeiro, Globo.

HILDEBRAND, R. & LAGING, R. (1986) — *Concepções abertas no ensino da educação física*. Rio de Janeiro, Ao Livro Técnico.

KASLER, H. (1983) — *Handebol — Do Aprendizado ao Jogo Disputado*. Rio de Janeiro, Ao Livro Técnico.

KIPHARD, G. J. (1974) — *Insuficiência de Movimento y de Coordenación en la Edad de la Escuela Primária*. Buenos Aires, Kapelusz.

KNAPP, B. (1963) — *Desporto e Motricidade*. Lisboa, Compendium.

KUNSAGI, P. N. (1983) — *Handebol*. 2ª ed., Rio de Janeiro, Palestra.

LE BOUCH, J. (1978) — *Hacia una Ciência del Movimento Humano*. Buenos Aires, Paidós.

LE BOUCH, J. (1985) — *A Educação pelo Movimento — Psicocinética na Idade Escolar.* 2ª ed., Porto Alegre, Artes Médicas.

LE BOUCH, J. (1987) — *Educação Psicomotora: Psicocinética na Idade Escolar.* Porto Alegre, Artes Médicas.

LISTELLO, A.; CLERC, P. & CRENN, N. (1968) — Sports Collectifs. Jeux d'equipe avec ballon. *In* LISTELLO, A.; CLERC, P.; CRENN, R. & SCHOBEL, E. *Récréation et Education Phisique Sportive.* 5 ed., Paris, Colin 195-204.

MAGIL, R. A. (1984) — *Aprendizagem Motora — Conceitos e Aplicações.* São Paulo, Edgar Blücher.

MALINA, R. (1987) — Bio-Cultural Determinant of Motor Development. Lisboa, Conferência Mundial da AIESEP. Motrocidade Humana — Novas Vias de Desenvolvimento.

MARIN, J. M. (1981) — *Handebol — Da Iniciação ao Treinamento.* Curitiba, Itaipu.

MARIOT, J. & RONGEOUT, F. (1989) — *Hand-ball Comportemental.* 2ª ed., Paris, Vigot.

MEINEL, K. (1984) — *Motrocidade I — Teoria da Motricidade Esportiva sob o Aspecto Pedagógico.* Rio de Janeiro, Ao Livro Técnico, 2 vols.

MÉRAND, R. (1989) — La Renovation des Contenus D'enseignement: Jeux Sportifs Collectifs au College. *Revue Française de Pédagogie,* (89), 11-14.

MITRA, G. & MOGOS, A. (1982) — *O Desenvolvimento das Qualidades Motoras no Jovem Atleta.* Lisboa, Horizonte.

MOSQUERA, J. & STOBAÜS, C. (1984) — *Psicologia do Desporto,* Porto Alegre, UFRGS.

MOSSTON, M. (1966) — *Teaching Physical Education.* Columbus, Charles E. Merrill.

MOSSTON, M. & ASHWORT, S. (1986) — *Teaching Physical Education.* 3 ed. Merrill Pub. Com.

MÜLLER, J. L.; GULLUNG, P. & BOCCI, V. (1988) — Concept de Soi et Performance Scolaire: Une Méta-Analyse. *L'Orientation Scolaire et Professionelle,* 17, (1), 53-69.

OBERTEUFFER, D. & ULRICH, C. (1977) — *Educação Física — Princípios.* São Paulo, EPU/EDUSP.

OLIVEIRA, J. B. A & CHADWICH, C. (1975) — *Tecnologia Educacional — Teorias da Instrução.* 9ª ed., Petrópolis, Vozes.

PASCHEN, K. (1974) — *Planes y Classes de Educación Física para la Escuela Primária.* Buenos Aires, Kapelusz.

PEREIRA, V. R. (1990) — *Estudo da influência de um programa desportivo-motor centrado no andebol sobre o desenvolvimento psicomotor das crianças em idade escolar (9 e 10 anos).* Porto Alegre, FCDEF-UP, Tese de Doutoramento em Ciências do Desporto.

PEREZ, L. M. (1987) — *Desarrollo Motor Y Actividades Físicas*. Madri, Gimnos.

PIAGET, J. (1961) — *Les Mecanismes Perceptifs*. Paris, PUF.

PIÉRON, M. (1990) — La Programmazione Dell'insegnamento. *Scuola dello Sport*, (15), 22-29.

REID, M.; LANDESMAN, S.; TREDER, R. & JACCARD, J. (1989) — My Family and Friends: Six-to-Twelve-Year Old Children's Perceptions of Social Suport. *Child Development*, (60), 896-910.

SIEDENTOP, D. (1983) — *Developing Teaching Skills in Physical Education*. 2 ed., Palo Alto, Califórnia, Mayfield Publishing Company.

SIEGEL, L. D. (1985) — Information Processing Abilities and Performance on Two Perceptual-Motor Tasks. *Perceptual and Motor Skills*, (60), 459-466.

SINGER, R. N. & DICK, W. (1980) — *Ensinando Educação Física — Uma Abordagem Sistemática*. Porto Alegre, Globo.

SLEET, D. A. (1985) — Differences in the Social Complexity of Childrens Play Choices. *Perceptual and Motor Skills*, (60), 283-287.

SMITH, T. L. (1986) — Self-concepts of Youth Sport Participants and Nonparticipants in Grades 3 and 6. *Perceptual and Motor Skills*. (62), 863-866.

TANI, G. & outros (1986) — *Educação Física Escolar — Fundamentos de uma Abordagem Desenvolvimentista*. São Paulo, EDUSP.

TEODORESCU, L. (1984) — *Problemas de Teoria e Metodologia nos Jogos Desportivos*. Lisboa, Livros Horizonte.

THELEN, M. H. & outros (1980) — Imitation During Play as a Means of Social Influence. *Child Development*, 51, (3), 918-920.

TODT, E. (1982) — *La Motivacion*. Barcelona, Herder.

ULRICH, B. D. (1987) — Perception of Physical Competence, Motor Competence, and Participation in Organized Sport: Their Interrelationships in Young Children. *Research Quarterly*, 58, (1), 57-67.

VAYER, P. (1982) — *A Criança Diante do Mundo na Idade da Aprendizagem Escolar*. Porto Alegre, Artes Médicas.

WALLON, H. (1981) — *A Evolução Psicológica da Criança*. Lisboa, Estampa.

XAVIER, T. P. (1986) — *Métodos de Ensino em Educação Física*. São Paulo, Manole.

OS AUTORES

VIKTOR SHIGUNOV nasceu em Hamburgo, Alemanha, em 1945. Emigrou para o Brasil quatro anos depois, naturalizando-se brasileiro em 1970. Realizou o curso de graduação em Educação Física na Escola de Educação Física e Desportos do Paraná, em 1966. Fez, na mesma Escola, um ano depois, as Técnicas de Voleibol e Basquetebol. Em 1972, concluiu a Técnica de Atletismo em Londrina. Em 1979, concluiu a especialização em Ciências do Movimento, na Universidade Federal do Rio Grande do Sul e, quatro anos depois, o mestrado em Ciências do Esporte, na Universidade Federal de Santa Maria, RS. Concluiu a licenciatura de Pedagogia em 1985, em Mandaguari, PR. Finalmente, em 1992, obteve o grau de Doutor em Ciências da Educação, especialidade Análise e Organização de Situações de Educação, na Universidade Técnica de Lisboa, Faculdade de Motricidade Humana, Portugal. Trabalhou mais de dez anos no ensino estadual do primeiro e segundo graus. Ingressou na Universidade Estadual de Maringá em 1972, sendo um dos criadores do Curso de Educação Física, e, presentemente, atua nas disciplinas de Didática e Atletismo. É autor de vários artigos, tendo participado de muitos congressos no Brasil e no exterior. Desenvolve trabalhos e estudos na área da Pedagogia e Didática da Educação Física voltados especificamente para o Atletismo.

VANILDO RODRIGUES PEREIRA nasceu em Tupi Paulista, SP, em 1953. Realizou seu curso de graduação em Educação Física na Universidade Estadual de Maringá, concluindo-o em 1975. Na mesma Universidade concluiu o curso de especialização em Ensino da Educação Física na Universidade. Em 1979, ingressou no Departamento de Educação Física da Universidade Estadual de Maringá, no qual atua, presentemente, na coordenação de cursos de especialização e na disciplina Educação Física Infantil, no curso de graduação. Trabalhou no ensino do primeiro e segundo graus de Maringá. Obteve equivalência de escolaridade no Instituto Superior de Educação Física da Universidade do Porto, Portugal, atual Faculdade de Ciências do Desporto e de Educação Física, em 1987. Na mesma instituição, obteve o grau de Doutor em Ciências do Desporto — Especialidade Aprendizagem Motora, em janeiro de 1991. É autor de vários artigos publicados no Brasil e no exterior. Atualmente, exerce o cargo de vice-chefe do Departamento, no qual atua como docente e desenvolve estudos nas áreas de Pedagogia da Educação Física e Aprendizagem Motora.